总　序

　　中国是一个有着悠久文化历史的古老国度，从传说中的三皇五帝到中华人民共和国的建立，生活在这片土地上的人们从来都没有停止过探寻、创造的脚步。长沙马王堆出土的轻若烟雾、薄如蝉翼的素纱衣向世人昭示着古人在丝绸纺织、制作方面所达到的高度；敦煌莫高窟近五百个洞窟中的两千多尊彩塑雕像和大量的彩绘壁画又向世人显示了古人在雕塑和绘画方面所取得的成绩；还有青铜器、唐三彩、园林建筑、宫殿建筑，以及书法、诗歌、茶道、中医等物质与非物质文化遗产，它们无不向世人展示了中华五千年文化的灿烂与辉煌，展示了中国这一古老国度的魅力与绚烂。这是一份宝贵的遗产，值得我们每一位炎黄子孙珍视。

　　历史不会永远眷顾任何一个民族或一个国家，当世界进入近代之时，曾经一千多年雄踞世界发展高峰的古老中国，从巅峰跌落。1840年鸦片战争的炮声打破了清帝国"天朝上国"的迷梦，从此中国沦为被列强宰割的羔羊。一个个不平等条约的签订，不仅使中国大量的白银外流，更使中国的领土一步步被列强侵占，国库亏空，民不聊生。东方古国曾经拥有的辉煌，也随着西方列强坚船利炮的轰击而烟消云散，中国一步步堕入了半殖民地的深渊。不甘屈服的中国人民也由此开始了救国救民、富国图强的抗争之路。从洋务运动到维新变法，从太平天国到辛亥革命，从五四运动到中国共产党领导的新民主主义革命，中国人民屡败屡战，终于认识到了"只有社会主义才能救中国，只有社会主义才能发展中国"这一道理。中国共产党领导中国人民推倒三座大山，建立了新中国，从此饱受屈辱与蹂躏的中国人民站起来了。古老的中国焕发出新的生机与活力，摆脱了任人宰割与欺侮的历史，屹立于世界民族之林。每一位中华儿女应当了解中华民族数千年的文明史，也应当牢记鸦片战争以来一百多年民族屈辱的历史。

当我们步入全球化大潮的 21 世纪，信息技术革命迅猛发展，地区之间的交流壁垒被互联网之类的新兴交流工具所打破，世界的多元性展示在世人面前。世界上任何一个区域都不可避免地存在着两种以上文化的交汇与碰撞，但不可否认的是，近些年来，随着市场经济的大潮，西方文化扑面而来，有些人唯西方为时尚，把民族的传统丢在一边。大批年轻人甚至比西方人还热衷于圣诞节、情人节与洋快餐，对我国各民族的重大节日以及中国历史的基本知识却茫然无知，这是中华民族实现复兴大业中的重大忧患。

中国之所以为中国，中华民族之所以历数千年而不分离，根基就在于五千年来一脉相传的中华文明。如果丢弃了千百年来一脉相承的文化，任凭外来文化随意浸染，很难设想 13 亿中国人到哪里去寻找民族向心力和凝聚力。在推进社会主义现代化、实现民族复兴的伟大事业中，大力弘扬优秀的中华民族文化和民族精神，弘扬中华文化的爱国主义传统和民族自尊意识，在建设中国特色社会主义的进程中，构建具有中国特色的文化价值体系，光大中华民族的优秀传统文化是一件任重而道远的事业。

当前，我国进入了经济体制深刻变革、社会结构深刻变动、利益格局深刻调整、思想观念深刻变化的新的历史时期。面对新的历史任务和来自各方的新挑战，全党和全国人民都需要学习和把握社会主义核心价值体系，进一步形成全社会共同的理想信念和道德规范，打牢全党全国各族人民团结奋斗的思想道德基础，形成全民族奋发向上的精神力量，这是我们建设社会主义和谐社会的思想保证。中国社会科学院作为国家社会科学研究的机构，有责任为此作出贡献。我们在编写出版《中华文明史话》与《百年中国史话》的基础上，组织院内外各研究领域的专家，融合近年来的最新研究，编辑出版大型历史知识系列丛书——《中国史话》，其目的就在于为广大人民群众尤其是青少年提供一套较为完整、准确地介绍中国历史和传统文化的普及类系列丛书，从而使生活在信息时代的人们尤其是青少年能够了解自己祖先的历史，在东西南北文化的交流中由知己到知彼，善于取人之长补己之短，在中国与世界各国愈来愈深的文化交融中，保持自己的本色与特色，将中华民族自强不息、厚德载物的精神永远发扬下去。

《中国史话》系列丛书首批计 200 种，每种 10 万字左右，主要从政治、经济、文化、军事、哲学、艺术、科技、饮食、服饰、交通、建筑等各个方面介绍了从古至今数千年来中华文明发展和变迁的历史。这些历史不仅展现了中华五千年文化的辉煌，展现了先民的智慧与创造精神，而且展现了中国人民的不屈与抗争精神。我们衷心地希望这套普及历史知识的丛书对广大人民群众进一步了解中华民族的优秀文化传统，增强民族自尊心和自豪感发挥应有的作用，鼓舞广大人民群众特别是新一代的劳动者和建设者在建设中国特色社会主义的道路上不断阔步前进，为我们祖国美好的未来贡献更大的力量。

陈奎元

2011 年 4 月

作者小传

　　张涛，男，1961年11月生于山东临清。1979年考
入山东大学，先后获历史学学士、文学硕士、历史学博
士学位。现为北京师范大学历史学院教授、博士生导师，
北京师范大学易学文化研究中心主任，中国易学文化研
究会会长，《周易文化研究》主编，中国人民大学、山东
大学等校兼职教授。长期从事中国传统文化的研究和教
学工作，已出版《周易（注评）》、《孔子家语注译》、《列
女传译注》、《经学与汉代社会》、《秦汉易学思想研究》、《周
易述导读》、《钱大昕评传》、《易学·史学·经学》等著作，
发表论文160余篇。

⊙项永琴

作者小传

　　项永琴，女，1975 年生于山东海阳。1997 年毕业于烟台大学中文系，获文学学士学位。2000 年毕业于山东大学古籍整理研究所，获文学硕士学位。现为烟台大学人文学院副教授。主要从事先秦两汉文学文献的教学和研究工作，与张涛等合作出版了《中国传统救灾思想研究》、《秦汉齐鲁经学》等著作，发表论文10 余篇。

目　录

史

婚姻史话

一 从伏羲和女娲兄妹
相婚的传说谈起

　　世界上任何一个民族最初的历史，都是用口头传说的方式流传下来的。伏羲和女娲是我国古代传说中人类的始祖，三皇中的两位。相传人类由伏羲、女娲兄妹相婚而产生。唐代李冗在《独异志》卷三中讲道："昔宇宙初开之时，有女娲兄妹二人，在昆仑山，而天下未有人民。议以为夫妻，又自羞耻。兄即与妹上昆仑山，咒曰：'天若遣我二人为夫妻，而烟悉合；不，使烟散。'于烟即合。其妹既来就兄，乃结草为扇，以障其面。"在山东嘉祥武氏祠汉画像石上，伏羲和女娲均为人身蛇尾，背相向，尾巴交缠在一起。当中有两个飘飘欲仙的小孩，也是人身蛇尾，尾相缠，两手相扑为戏。东汉王延寿《鲁灵光殿赋》也曾提到，建于西汉的曲阜灵光殿内有这对兄妹夫妻的画面。我国南方苗族、瑶族也传说：远古时代，洪水淹没了人类，只有伏羲、女娲兄妹活了下来，结为夫妇，繁育后代，成为人类的始祖。传说中所描绘的兄妹成婚的情景，正是古代血缘婚的形象反映。

1

血缘婚是一种以同胞兄弟和姊妹之间相婚为基础的婚姻俗制。在这里，婚姻群团是按照辈分来划分的，同辈男女之间既是兄弟姊妹，又是夫妻，一群兄弟与其姊妹互为共夫或共妻，子女为集群共有，以男子长辈为共父，以女子长辈为共母。一个兄弟有多少直系或旁系姊妹，就有多少妻子，而一个姊妹有多少直系或旁系兄弟，也就有多少丈夫。随着这种婚姻群团由直系同胞向所有旁系同辈扩展开来，便形成了人类最早的社会组织形式，即血缘家族。在当时，血缘婚是合乎自然的一种习俗制度。

实际上，在血缘婚之前，人类还经历过漫长的杂婚阶段。原始人群时期，两性关系只是杂乱的性交关系，每个女子属于每个男子，同样，每个男子也属于每个女子。《吕氏春秋·恃君览》说："昔太古尝无君矣，其民聚生群处，知母不知父，无亲戚兄弟夫妻男女之别，无上下长幼之道，无进退揖让之礼……"在这种杂婚俗制下，不可能形成任何家族。这时，由于母系的延续，母权起着重要作用。在我国，距今约一百七十万年的元谋人以及后来的蓝田人、北京人，大致处于这一阶段。

随着人类征服自然能力的发展，以及思维水平的提高，血缘婚代替了杂婚。血缘婚是由久远而漫长的杂婚制迈向群婚制的一个过渡。群婚制经历了两个阶段，血缘婚是它的低级阶段。先将子孙之间、父母与子女之间的杂乱性交排除了，这是婚姻史上的一大进步。距今二三十万年的马坝人、长阳人和丁村人，实行的便是这种婚姻俗制。

二 "民知其母，不知其父"

血缘婚曾在人类历史上存在过很长一段时期。后来，伙婚（普那路亚婚）代替了血缘婚。伙婚排除了兄弟姊妹间的通婚，一群兄弟与另一列姊妹通婚，兄弟共妻，姊妹共夫，女子之间互为"普那路亚"（意即亲密的伙伴）；同样，一群姊妹与另一列兄弟通婚，姊妹共夫，兄弟共妻，男子之间互为"普那路亚"。伙婚是群婚制的最高发展阶段，由这种婚姻关系构成伙婚家族，其中一种由一列兄弟及其妻们组成，另一种由一列姊妹及其夫们组成。于是，就某一群团来说，其内部必然分裂为两个集团，出现外婚制，从而导致氏族的建立。氏族制度，在绝大多数场合下，都是从伙婚发生发展而来的。

伙婚本是一种过渡性的婚姻俗制，它不断排除兄弟姊妹的任何婚姻关系，同时又保留了很长时期旁系兄弟姊妹通婚的关系。它还使再从、再表以至更远的兄弟姊妹不断进入婚姻关系。氏族组织在社会上普遍形成之后，逐渐地，兄弟们不再娶他们的旁系姊妹，姊妹们也不再嫁给她们的旁系兄弟。这是人类在自身发展过程中迈出的重要一步，为相对文明的婚俗开辟了新的道路。

氏族社会的第一个发展阶段是母系氏族社会。那时，年龄大、辈分高的女子被推为首领，掌管氏族事务，形成了母权制。近几年，在辽宁红山文化遗址中，出土了女神群像和女神庙。它是母系氏族社会女性具有崇高地位的有力物证。古代帝王称"毓"称"后"，甲骨卜辞中即有"自上甲至于多毓"的词句，《尚书·盘庚》也有"我先神后"、"我古后"、"高后"、"先后"等说法。甲骨文、金文中的"毓"字，像一倒子在母或人下，而有水液之点滴。此实像一女人正在产子之状。"毓"或作"后"，讹变为"后"。"毓"、"后"实为一字之孳乳。这暗示着母系氏族的首领为女性。另外，《山海经》、《淮南子》等书中女娲"炼五色石以补苍天"、"抟黄土作人"的传说，也都是古人崇拜女性的曲折反映。

我国古代有许多"圣人无父，感天而生"的神话传说。如华胥踩巨人迹而生伏羲，女登与神龙接触而生炎帝，附宝见大电绕北斗而生黄帝，女节接大星而生少昊，庆都感赤龙而生尧，握登见大虹而生舜，修己吞神珠薏苡而生禹，姜嫄履神人之迹而生弃，简狄吞玄鸟卵而生契（《诗经·大雅·生民》、《商颂·玄鸟》），女修吞玄鸟卵而生大业（《史记·秦本纪》）等。这些神话传说，都是母系氏族社会"民知其母，不知其父"（《庄子·盗跖》）的写照。在后世的史料中，也仍然有感生说的流风余韵。如《史记·高祖本纪》说："高祖，沛丰邑中阳里人，姓刘氏，字季，父曰太公，母曰刘媪。其先，刘媪尝息大泽之陂，梦与神遇。是时雷电晦冥，太公往视，则见蛟龙于其上。已而有身，遂产高祖。"司马迁把汉朝的缔造者刘邦塑造成真命天子，一方面是"爱奇"心理的驱使，另一方面也说明彼时的感生思想仍不乏信徒。后世与感生相关的故事，其主人公也往往是真命天子。《史记·外戚世家》中讲道："薄姬曰：'昨暮夜妾梦苍龙据吾腹。'高帝曰：'此贵征也，吾为女遂成之。'一幸生男，是为代王。"《北史·魏世宗宣武帝本纪》讲道："初，梦为日所逐，避于床下，日化为龙，绕已数匝，寤而惊悸，遂有娠。"当然，在一般官僚中，也有这样的情况，"初，泰母梦风雷暴起，若有雨状，出庭观之，见电光夺目，骇雨沾洒，寤而惊汗，遂有娠。期而不产，大惧。有巫曰：'渡河漱裙，产子必易。'便向水所。忽见一人，曰：'当生贵子，可徙而南。'泰母从之。俄而生泰"（《北史·窦泰传》）。"琳母尝被褉泗滨，遇见一石，光彩朗润，遂持以归。是夜梦一人，衣冠有若仙者，谓其母曰：'夫人向所将来之石，是浮磬之精。若能宝持，必生令子。'其母惊寤，便举身流汗，俄而有娠。及生，因名琳字季珉焉"（《北史·高琳传》）。还有关于满族布库里雍顺的传说也显然是感生说："昔布勒和里湖有三天女俄古伦、京古伦、佛古伦来浴，最末一天，女将一由神鹊衔来之红色果实含于口中，落入喉内，于是身重，随生布库里雍顺，此族即满族。"（《满族老档》）与此相关的，《开元天

5

宝遗事》卷上有一个有趣的故事："杨国忠出使于江浙，其妻思念至深，荏苒成疾，忽昼梦与国忠交因而有孕，后生男名朏。泊至国忠使归，其妻具述梦中之事。"显然这是杨国忠之妻以感生为幌子，为其"出轨"行为开脱，只有杨国忠还信以为真，"国忠曰：'此盖夫妻相念，情感所致。'"而"时人无不讥诮也"。

在伙婚制下，按照氏族外通婚的原则，丈夫是从别的氏族嫁进来的。氏族内的姊妹们都是他的妻子，而随同这个丈夫嫁进来的兄弟们又都是丈夫。只要存在着群婚，那么世系就只能按母亲方面来确定，只承认女系。妇女所生的子女，只认知其母亲，而不知父亲。何况当时人们就误认为子女的出生只需母亲而不需父亲。我国古代有女子称姓的习惯，而所有古姓，大半以女为偏旁，像姬、姜、姚、好、嫱、姒等。就连"姓"这个字本身，也都是从女的。《说文解字》讲道："姓，人所生也。古者神圣母感天而生子，故称天子，因生以为姓，从女。"这说明母系社会民不知其父，以为孩子是母亲感天而生子，所以随母姓。在甲骨文中，"姓"字像女子栽培禾苗，亦即生育子女之意。在先秦时期，姓和氏还是两个不同的概念，姓是部落，自然是母系部落的名称，氏不过是同姓各部落的名称；一直到周朝，还有女子称姓，男子称氏的规定。母系的传统之盛可见一斑。

当时人们搞不清父、母、子三者的自然关系。他们保存了其始祖的母亲的名称，而把其始祖的诞生归诸她与某神发生关系。于是，在母系氏族产生的同时，出现了图腾崇拜。图腾一般选择与各个氏族有密切关系的动植物或无生物。它是氏族群体的徽号和象征。玄鸟、大人迹就是商、周祖先的图腾。所谓"感天而生",即指女祖先与图腾发生关系,从而导致某一氏族群体的形成。

在实行伙婚制的部落里,每一个家庭都是一半在氏族之内,一半在氏族之外,因为丈夫和妻子必须属于不同的氏族。伙婚制的遗迹,又可以从古代文献关于亲属称谓制度的记载中看出来。

在《尔雅·释亲》中,兄弟的儿子没有专称,一律叫做"昆弟之子"。伙婚制下,子女为一列兄弟所共有,父亲无法也无须对一群子女区分谁是自己的儿,谁是自己的侄("侄"的俗字),自然也就没有"侄儿"、"侄女"之类的称谓。后来虽进入一夫一妻制时代,需要区别而且已经区别了,但在称谓上却无所承袭,只好权且称为"昆弟之子"。

《尔雅·释亲》中说到按照族外婚的规定,姊妹的儿子须出去与外氏族女子结婚,就其妻而居,所以叫"出"。兄弟的儿子,生于外氏族,可以与姊妹的女儿为婚,嫁回本氏族,因而谓之"侄"。侄者,至也。出之子不生于本氏族,但以辈分而论为孙,所以称为"离孙";侄之子由归子所生,生于本氏族,故谓之"归孙"。《释亲》又说到姑姑的儿子们、舅舅的儿子们、妻子的兄弟们、姊妹的丈夫们,他们都是外氏族的男子,都是本氏族的外甥,自然也就是本氏族的女婿。这正是伙婚制产生的必然结果。

古代称谓中的"舅姑"有两种含义。第一种，人们称母亲的兄弟为舅，称父亲的姊妹为姑。这种含义，今犹沿用。第二种，妻子称丈夫的父亲为舅，称丈夫的母亲为姑。《尔雅·释亲》："妇称夫之父曰舅，称夫之母曰姑。"在伙婚时代，另一氏族的姊妹们与本氏族的兄弟们结婚，作为他们的女儿，她称母亲的兄弟为舅，称父亲的姊妹为姑。姑姑们按例都要和另一氏族的舅舅们结婚，将来她和她的姊妹们按例也要与那一氏族舅姑们的儿子们结婚。所以不论舅舅们和姑姑们结婚没结婚，也不论她和她的姊妹们结婚没结婚，她对他们和她们的称谓是固定不变的，无须另立名目。同样，男子称岳父为舅，称岳母为姑。《礼记·坊记》中有"婿亲迎，见于舅姑"。只是到了一夫一妻制时代，才分别在舅姑上附加个"外"字。不过后世偶尔也沿用此称谓，如朱庆馀的《闺意献张水部》："洞房昨夜停红烛，待晓堂前拜舅姑。妆罢低声问夫婿，画眉深浅入时无。"杜甫的《新婚别》："妾身未分明，何以拜姑嫜。"张祜的《戏赠村妇》："三升酸醋瓦瓶盛，请得姑嫜十日程。"朱诗中的"舅姑"和杜诗、张诗中的"姑嫜"，都是指公婆。

还需要指出的是，舅权对中国人的家庭观念、婚姻制度、人际关系的影响极其深远。究其原因，舅权是男性地位日益提高后，在母权制向父权制过渡的过程中，母系家族不甘心把家庭管理大权拱手相让于"外人"（父亲们）而采取的一个措施。如过渡时期曾有过由兄弟继承财产的规定。在母系氏族时期，舅舅

（舅祖父）是孩子唯一的男性长辈，可以说舅父与孩子之间不仅有着密切的血缘关系，而且还有着近乎后来父亲所具有的教育孩子、保护孩子的权利和义务。因此父权兴起之后，舅舅作为一名女方家的男性代表，自然成为维护外甥（女）利益的发言人。舅权主要表现在对外甥女婚姻的干涉上，这正反映了母方家庭行使的最后权利，一方面对女儿外嫁不情愿，而又无可奈何。而姑舅表婚作为一种亲上加亲的婚制，则是母方希望女儿留在本家族内，从而保护女儿不受他人欺压愿望的真切反映。"天下母舅大"、"舅爷大过天"、"舅父要外甥，哼也不敢哼"等，究其本质，都是对母系血统的维持，表明了在外甥（女）的婚姻上，舅权大于父权。只不过多数的舅权已经成为一种礼仪。同时父权制建立过程中产生的舅权，亦时时受父权观念的感染，而带上了许多男权的性质。但无论如何，舅权普遍存在这一史实说明了在母权制向父权制转移过程中斗争的激烈程度。

伙婚制兄弟共妻、姊妹共夫之风在我国古代相当浓重。传说舜以贤孝著称，帝尧将两个女儿即娥皇、女英一起嫁给了他。舜的弟弟象，见嫂子们很漂亮，就想杀掉舜，"使二嫂治朕栖"，把嫂子们占为己有。这里舜一次就娶了两个女子，而象又想娶舜之妻（嫂子）为妻，正是伙婚的遗迹。伙婚习俗到了周代后期犹有遗存。与孔子同时的苍梧绕娶妻，见妻子很漂亮，就将她让给了哥哥："苍梧绕娶妻而美，以让其兄。"战国时魏相孟卯曾娶嫂子为妻，还生了五个孩子。姊妹共夫的事例更是屡见载籍，最有名的，就是盛行于春秋时期的媵妾婚俗。姊妹同嫁一夫，年少者为娣。《尔雅·释亲》："女子同出，谓先生为姒，后生为娣。"《左传》闵公二年记载，鲁庄公娶了齐女哀姜和叔姜姐妹俩；又庄公二十八年，"晋伐骊戎，骊戎男女以骊姬，归。生奚齐，其娣生卓子"；文公七年，"穆伯（公孙敖）娶于莒，曰戴己，生文伯；其娣声己生惠叔"；哀公十一年，"（卫太叔）疾娶于宋子朝，其娣嬖"等。汉代以后，这种情况也屡见于史书。《汉书·外戚传》记载：赵飞燕与其女弟合德都是成帝婕妤，专宠汉宫十多年，深得成帝爱幸，贵倾后宫。不仅有姐妹同入掖庭的事情发生，还有长辈与晚辈同入后宫，同嫁一人的现象。顺帝永建元年（126），梁商之女梁纳和姑姑同入汉宫，俱被立为贵人。这种姐妹或姑姪同嫁一夫的婚嫁习俗延续至近代的随嫁之婢，都应该算作古代媵妾婚俗的孑遗。

伙婚制在我国社会发展中经历了相当长的时间，从距今约五万年的河套人、柳江人开始，一直延续到距今六七千年的仰韶文化时期。当时的墓葬主要是单人葬和迁移合葬。合葬是男女分区埋葬，男子大都是两次迁移集体葬。有母子合葬，而没有一对成年男女合葬或父子合葬。这些现象，反映了母系氏族外婚制的某些特点。

伙婚制出现以后，氏族成员只能从别的氏族得到丈夫或妻子，自然结合的多偶群婚受到相应的约束和限制。婚姻的构成，一般由氏族内长辈亲属（特别是母亲）负责安排，或者通过议婚订约，或者通过物品交换，或者通过武力抢夺来实现。利用上述方法构成的婚姻关系，日渐带有对偶的特点——明显的独占性质。于是，对偶婚产生了。这种婚姻俗制越来越排除兄弟或姊妹对配偶的共有，从而形成一个男子和一个女子的同居关系。其实，在伙婚制度下已经出现了某种或长或短时期内的成对配偶的情况。

在对偶婚中，一个男子在许多妻子中间，有一个主妻，同样的，一个女子在许多丈夫中间，有一个主夫。根据传说，舜、象共妻娥皇、女英，但其中舜和娥皇还分别为主夫和主妻。《孟子·万章上》说象使"二嫂"治其"栖"，又说"象往入舜宫"。象明言"二嫂"，可见舜为主夫。《楚辞·九歌·湘君》洪兴祖补注说："尧之长女娥皇，为舜正妃。"刘向《列女传·母仪·有虞二妃》说："娥皇为后，女英为妃。"可见娥皇为主妻。

由于受群婚遗风的影响，这种对偶婚制不可能达到专偶婚制的水平，婚姻关系只能维持到双方同意维持的时候，极容易破裂，所生子女仍属母亲。这种对偶婚是与母权制相适应的，世系多半还是按女系计算，夫从妇居，子女也都留在母亲氏族内。这时的墓葬制度与伙婚时期也没有什么区别。由对偶婚组成的对偶家庭，本身还很脆弱，不稳定，还不能取代氏族成为基本的社会经济单位。

进入文明时代之后，一些少数民族仍存在着对偶婚的遗风，存在着夫从妇居的习惯。云南宁蒗永宁纳

婚姻史话

西族流行的"阿注婚"更是典型的对偶婚。"阿注"意为朋友，男女可以互称。男女在节日、劳动中互吐倾慕之情，结为"阿注"，共同过偶居生活，一般由男子夜间到女家访宿，次日天亮返回母家，同母家成员一起生活。这种婚姻关系，方式简单，结合与分离都比较自由，所生子女属于女子，由女子抚养，男子不承担抚养义务。

三 "产翁制"·陶祖与 生殖崇拜的变化

时代的车轮在飞速运转。从五六千年前开始,我国黄河流域和长江流域的一些氏族部落,逐渐进入了父系氏族社会。

母权制下的对偶婚,给家庭带来了一个新的因素,子女确认了自己的父亲,父亲也可以确定自己血缘的直系子女,人们开始既"知其母"又"知其父"了。

在母权制下,男子死后,其财产转归自己出生的氏族,由母方的血缘亲属继承,他自己的子女只能和母亲的血缘亲属共同继承母亲的财产,至多是单独继承母亲的,而不能继承父亲的财产。随着生产力发展到一定水平,男子的地位日益提高,财富不断增多,他们试图借此来改变当时流行的氏族成员继承制,使子女独享继承权。财富的转归家庭私有并开始具有永久性,给以对偶婚和母系氏族为基础的社会沉重一击,女性世系必然会解体,而男性世系相应地必然会取而代之。慢慢地,氏族男性成员的子女都留在本氏族内,女性成员的子女则再也不属于母亲的氏族,而转到父亲的氏族中去了。这样就逐步废除了按母方计算世系的方法，确立了父系的继承权，对偶婚进一步发展为一夫一妻制的专偶婚。摩尔根指出："财产的增长和希望把财产传给子女的愿望，是促成专偶制以保证合法继承人和将继承人的数目限制在一对夫妇的真正后裔之内的动力。"就是说，导致一夫一妻制产生的动力，是财富的增加和想把财产转交给子女亦即由婚配的对偶所生的真正的后裔。从此，母系氏族社会所特有的夫从妇居，逐渐变为妇从夫居，男子留在本氏族内，女子要出嫁到外氏族，并随男子居住。男子成了维系氏族的中心，女子则处于从属地位。

图腾崇拜是母系氏族制度的产物。随着母系氏族的解体，图腾崇拜也逐渐退出历史舞台，只是还保留着某些遗迹。大体上说，图腾崇拜的存在与消失，可以看做是母系氏族社会与父系氏族社会的界限。

在我国的传说时代，大约从颛顼开始进入父系氏族社会。《左传》昭公十七年记郯子说："昔者黄帝氏以云纪，故为云师而云名；炎帝氏以火纪，故为火师而火名；共工氏以水纪，故为水师而水名；大暤氏以龙纪，故为龙师而龙名。我高祖少暤挚之立也，凤鸟适至，故纪于鸟，为鸟师而鸟名……""自颛顼以来，不能纪远，乃纪于近。为民师而命以民事，则不能故也。"根据这段话，颛顼以前的著名氏族都是以图腾作标志，也就是说那个时代仍为母系氏族社会。颛顼是传说中的部族首领，黄帝之孙昌意的儿子。从他开始，氏族不再用鸟兽等作为图腾，而是"为民师而命以民事"，即做百姓的长官就用百姓的事情来命名。颛顼此举，结束了图腾崇拜的时代，标志着父系氏族社会的到来。

与父权制的确立相一致，颛顼时代开始严格限制妇女的行动，从法律上肯定了男尊女卑的观念。《淮南子·齐俗训》中讲道："帝颛顼之法，妇女不避男子于道路者，拂之于四达之衢。"

母系氏族制向父系氏族制转变，是生产力进一步发展的结果，表面上呈现的是一种和平过渡形式。但是，它仍然是一种夺权，而且随夺权之后出现的是压迫，所以它也不失为人类历史上最激进的革命之一。既然是革命，就不可能一帆风顺，就会有曲折和反复。

为保证子女对自己财产的顺利继承，获取母亲对孩子的主要权利，男子除改变过去夫从妇居的形式，实行对妻子的独占同居以外，还要夺取人类自身生产的权利。于是，在许多地方出现了"产翁制"。产翁制，通俗的说法就是母亲生孩子，父亲坐月子。妇女分娩之后，不去哺乳婴儿，而由丈夫坐床卧褥，带养孩子，表示子女是由己出，故不言产妇而起名"产翁"。屈原在《天问》中提出"伯禹愎鲧，夫何以变化"的疑问，人们如果了解古代的产翁制，非常容易解答了。王逸《楚辞章句》讲到"愎，一作腹"。洪兴祖《楚辞补注》说："腹，怀抱也。"钱澄之《庄屈合诂》进一步指出："禹为鲧子，是鲧腹中出也。"一个男的，怎么生孩子呢？原来，鲧在禹出生之后，居家当产翁，好像是禹从自己肚子里生出来的。当时做产翁的时间大约要三年，即坐月子以后还要继续在家护理孩子。在此期间，他不参与部落的任何公务活动。鲧在禹出生以后，曾在家三年，不再负责治水工作，或许因此贻误时机，致使神话传变，形成"鲧殛死三岁"之类的说法。至战国时期，产翁制早已成为过去，以至屈原这样博学多识的大家都不可得而知了。

不过，产翁制习俗还曾在后世的少数民族中流行过。《太平广记》有："南方有獠妇，生子便起。其夫卧床褥，饮食皆如乳妇，稍不卫护，生疾亦如孕妇。妻反无所苦，炊爨樵苏自若。……越俗，妇人诞子，经三日便澡身于溪河，返具糜以饷婿。婿拥衾抱雏，坐于寝榻，称为产翁。"清代袁枚讲到"广西太平府，獠妇生子，经三日便澡身于溪河。其夫乃拥衾抱子，坐于寝榻，卧起饮食，皆须其妇扶持之。……名曰'产公'，其妻反无所苦"。有关类似现象的记载，也见于宋代范成大《桂海虞衡志》、周去非《岭外代答》等一些著作中，如周去非《岭外代答》卷十引唐人房千里的《异物志》说"獠妇生子即出，夫惫卧，如乳妇，不谨，其妻则病，谨乃无苦"。此外元代李京的《云南志略》，明代钱古训、李思聪的《百夷传》等所载与之相类似。《云南志略·诸夷风俗》载滇西南僰族妇女"既产，即抱子浴于江，归付其夫"。《百夷传》载云南西双版纳傣族妇女："凡生子，贵者以水浴于家，贱者则浴于河，三日后以子授其夫。"

元朝初年，意大利人马可波罗游历中国，至金齿州（在今云南西部），发现这地方的人，流行一种十分奇异的习惯。孕妇一经分娩，就马上起床，把婴孩洗干净包好后，交给她的丈夫。丈夫立即坐在床上，接替她的位置，担负起护理婴孩的责任，共须看护四十天。孩子生下一会儿，这一家的亲戚、朋友都来向他道喜。而他的妻子则照常料理家务，送饮食到床头给丈夫吃，并在旁边哺乳。这正是典型的产翁制。据调查，我国傣族、仡佬族、高山族等，在六十多年以前，还残留着妇女产后，男子坐月子的习俗。

无独有偶，古希腊阿波罗尼乌斯所写的《阿尔哥诺提卡》记录某地风俗，当妻子生小孩时，丈夫戴着包头躺在床上呻吟，他的妻子则细心照料他。斯特拉博在《地理学》中说利比亚半岛的坎塔布连人中也流行此风。近代以来，人类学家对此风俗也产生了浓厚的兴趣。他们在调查中发现，这种风俗主要盛行于世界四个地区，即东亚、法国比利牛斯山区、南美东北部以及北美高原区。如在法国与西班牙交界处的土著居民巴斯克人中，"当女子生了小孩后，父亲坐床，假装作痛，使人认为父亲真是生了小孩子。邻居男女贺喜父亲，并不挂念母亲，母亲仍然是专心去做她的家务"。另外，据朱狄《信仰时代的文明》（中国青年出版社，1999），日本的阿伊努人、南印度的某些部落也实行过。丰富的文献材料和广泛的人类学调查表明，这一现象在人类文明中的重要性不容忽视。

一个男子竟去模仿妇女生孩子、坐月子、哺乳婴儿的动作，看来荒唐可笑。但产翁制这种习俗制度也是适应历史的必然要求而形成的。它是在父权出现后，男子获得子女权的一种手段，其终极目的还是要扩大战果，巩固新的财产继承制度。

我国的父权制在颛顼时代开始产生，但它的最终确立尚需经历一个漫长而曲折的过程。《尚书·尧典》等记载，唐尧老了，帝位没有传给儿子丹朱，而是在咨询于四岳后，以虞舜作继承人。尧死，舜正式即位。舜老了，照样不传给儿子商均，而是选出禹来摄行政事。舜死，禹继位。禹在位时，本来也不传给儿子启。当时众人是举皋陶作继承人的，不久皋陶死，又推皋陶的儿子伯益为继承人。这里似乎已有父死子继的迹象。禹死，其子启夺伯益位自立。

尧、舜和禹为什么不像后世帝王那样把王位传给儿子呢？在我们看来，这既不是像后世儒家所宣传的那样，由于尧、舜、禹都是大公无私的圣人，也不是如传说所渲染的那样，由于丹朱、商均都是十恶不赦的小人，而是受到社会发展水平的制约。在母系氏族社会里，儿子属于母亲，与父亲属于不同的氏族。作为别的氏族的成员，他不能继承父亲的财产，更不能继承王位。当时首领要通过选举来产生，这样就不可能实行传子制。尧、舜、禹时期的"禅让"，实际就是一种氏族选举制度。那时社会本已转变为父系，而以前母系氏族传统的"禅让"习惯，还在继续，直到启时才正式废止。《孟子·万章上》记载："至于禹而德衰，不传于贤而传于子。"传贤是氏族选举首领，传子是已经转变到了父系氏族社会，并且氏族制度开始动摇的反映。也就是说，父权制到夏代才正式确立下来。

　　我国西南少数民族在近代的社会发展情况，也可以说明，母系氏族转变为父系氏族，是一个长期的逐步转变的过程。据詹承绪等人所著《永宁纳西族的阿注婚姻和母系家庭》记载，1956 年之前，在云南宁蒗永宁纳西族中，与母系家庭同时存在的有母系父系并存家庭和父系家庭。1956 年，在永宁中心区，忠实、开坪、温泉、八株、拖支、洛水六个乡的 388 户中，历代都是母系血统成员的家庭共 191 户，占总数的 49.2%；母系、父系血统成员并存的家庭共 171 户，占总数的 44.1%；纯属父系血统成员的家庭共 26 户，占总数的 6.7%。由此可见，母系家庭向父系家庭的发展，是经过母系、父系并存状态而逐步过渡的。分析这 26 户父系家庭的情况，主要是男子政治上有权、经济上有钱的富裕户。在父系家庭中，男子由阿注婚姻进到正式娶妻，除妻子外，还可以结交"阿注"，妻子则受到限制。男子地位不断提高，当家做主，主持祭奠祖先等大事都变成男子的事情。但妇女们在生产、生活中仍有着一定作用，仍同丈夫平等相处。

　　然而，母权制最终还是让位给了父权制。母权制的被推翻，可以说是妇女的历史性的失败。在父权制下，为了完成私有财产的继承，妇女的身份地位乃至人格都大大地被贬低，变成丈夫淫欲的奴隶，变成生育子女的简单工具了。女性的失败也反映在生殖崇拜的变化上。

　　限于认识水平，原始人对生产生命的生殖力感到不可思议，因而将它置于神圣的地位，极尽崇拜。男女两性间在性特征上的差别，最突出的是生殖器和乳房。在母系氏族时期，人们将生殖的功劳归于女性，所以女性的乳房和生殖器，作为孕育、多产和哺育子女的象征，受到人们的高度重视，其造型也在原始的文化艺术表现中占有显著地位。近年在辽宁红山文化遗址发现了两件无头孕妇裸体陶像，腹部凸起，臀部肥大，阴部有三角形记号，均是充满性感的生育特征。这是一种典型的女性生殖崇拜。裸体孕妇陶像就是生殖崇拜之神。在甲骨文中，"母"字像一个跪坐的人形，并鲜明地刻画了乳房的形象。我国古代还有崇拜灵石的风俗，这种灵石也多具有乳房或女性生殖器的象征意义。

进入父系氏族时期，生殖崇拜仍很盛行，但人们已开始重视男性在生殖活动中的作用。同时，因为子女将来要以直接继承人的资格继承财产，传宗接代，不育子女的婚姻很可能被丈夫解除，所以不少妇女崇拜男性生殖器造像，乞求获得生育繁殖后代的能力。于是，生殖崇拜的形式随之改变。在黄河流域的龙山文化、齐家文化以及长江流域的屈家岭文化遗址中，都发现有模仿男性生殖器，用泥土烧制的陶祖和用石块雕刻的石祖。此外还有木祖、玉祖、铜祖等出土。它们的形状与真物极为相似，一般长 20 厘米左右，有的底端安有插柄，以便在祭祀时插于祭台之上。"祖"字在春秋前的甲骨文、金文中即写作"且"，颇像男性生殖器，春秋时才写作"祖"，从示，祭祀也。陶祖的出现，标志着女子地位的低落，男尊女卑的观念开始得到社会的认同。男性生殖器崇拜后来又被氏族成员改造为对男性祖先的崇拜。

直到三十多年前，生活在四川木里卡瓦村的纳西族人还保留着相当完整的石祖崇拜仪式。在村西山坡上有一个岩洞，纳西语称"尼好"。石祖位于洞穴口内，是一个天然的钟乳石柱，纳西语称"久木鲁"，意为生孩子的石头，与"巴窝"（男性生殖器）一词含义相同。"久木鲁"高80厘米，呈圆锥状，下部较粗，直径90厘米。它的顶端有一个凹坑，深15厘米，直径20厘米，被称为"垮"，即碗的意思。坑内积有不少水，叫做"哈机"，意即祭祀的水，与"达机"（精液）一词意思相通。妇女如果多年不育，或者生育畸形婴儿，要举行"内考姑"仪式，即祭山仪式。她们由巫师、丈夫和结婚时的伴娘陪同，到山上烧香敬神，洗身祛邪，然后到"久木鲁"旁喝"哈机"水，企盼借助石祖的力量，达到怀孕和生育的目的。另外，在木里大坝村，有一个"鸡儿洞"，洞内供奉着一个30厘米高的石祖。当地普米族妇女为了乞求生育，经常到"鸡儿洞"烧香膜拜，最后提起裙子在石祖上坐或蹲一下。云南西双版纳地区曼贺山上，也有一个石柱，当地傣族人将它崇奉为石祖，认为妇女同它接触后才繁育了人类。

在父系氏族社会里，除了财产按父系继承，女子出嫁取代男子出嫁以及世系依父系追溯外，其他氏族制的特征如土地共有、共同墓地与祭祀仍旧保留下来，原来的权力机关也依然存在，婚姻和家族方面则发生了相当程度的变化。

父系氏族时期，在对偶婚的形式下产生了一夫多妻的现象。由于生产劳动特别是战争对男子的需要，男子成批地被毁灭，从而造成男女两性的不平衡，使女性人口过剩。这种情况以及女性地位的日渐低落，都为男子享有多妻的权利提供了土壤，加上古代群婚遗风的影响，于是，在一些实行对偶婚的氏族中间实际上维持着对偶的同居形式，多妻的占有制，后来又进一步发展成为父权制家族。这种家族是由本族的成员和外族的俘虏在家长制的父权之下组成的。家长过着一夫多妻的生活，保存了对偶婚的一面——男子多妻，而取消了另一面——女子多夫。但在家长制的氏族社会内，父亲具有生杀其子女、后裔和奴仆的权力，以及对他们创造的一切财富的绝对所有权，私有观念日益强固。这种父权制家族出现在父系氏族社会晚期，但在文明社会之初也还维持过一段时间。

四 一夫一妻制的确立

随着社会生产力的发展，物质财富的增多，私有制出现了，人类开始迈入文明时代。与此相适应，为了将财富留给自己的后裔，男子们就要求一对配偶中女性的一方，杜绝与其他任何人的性交关系，以保证将来生下的儿子，确凿无疑地属于自己的血统。于是，一夫一妻制逐步确立下来。一夫一妻制，又称专偶婚制；简单地说，就是以一男一女结成夫妻为特征的一种婚姻俗制。

大约在公元前21世纪，夏朝建立，我国开始跨入文明时代的门槛。就婚姻制度来讲，对偶婚基本上被一夫一妻制取代，这可以从禹的婚姻故事中得到印证。

禹是鲧的儿子，二十多岁时受命治水，奔走于全国各地。一次，他经过涂山，遇到一位美丽善良的姑娘，二人产生爱慕之情，很快就结了婚。禹只同涂山氏一人结婚，和先前舜娶娥皇、女英二人为妻已经大不一样了。同时，禹和涂山氏的关系也是比较牢固的具有独占意义的同居关系。更重要的，禹死后把王位传给了启。传子制既是私有制的集中表现，又是一夫一妻制产生的前提和得以存在下去的保障。当然，传子制的形成，并不等于氏族制度的解体与消亡，并不能算作文明社会开始的唯一标志。不过，它毕竟是发生在氏族内部特殊显贵家庭的最初萌芽，也可以说是氏族社会解体的一个先行步骤。

一夫一妻的婚姻俗制的确立，经历了一个相当长久、相当复杂的过程，其中既有父系家长制下一夫多妻旧习的存在，又有抱残守缺的母权制与进步的父权制的斗争。《汉书·武帝纪》颜师古注引《淮南子》说："禹治鸿水，通轩辕山，化为熊，谓涂山氏曰：'欲饷，闻鼓声乃来。'禹跳石，误中鼓。涂山氏往，见禹方作熊，惭而去。至嵩高山下化为石，方生启。禹曰：'归我子!'石破北方而启生。"大禹称"归我子"，也明显地具有独占其子的意味，反映的是父权制与母权制的抗衡，而父权制终于占了上风。启以儿子的身份继承禹的王位，破坏了旧的"禅让"传统，同姓氏族中的有扈氏当即"仗义"起兵，反对启破坏旧制，展开"传贤"与"传子"的较量，也就是父权制同母权制新旧两种势力的斗争。结果启打败有扈，传子制度总算继续下来。

作为君王的禹，实行的是一夫一妻制，但在贵族阶层的许多人中，父系家长制下一夫多妻的现象还很严重。启死后，按照父死了继的系统，儿子太康继承王位。太康一味淫乐，不理政务，被有穷氏首领后羿赶下台。这个后羿就有两个妻子，一个是嫦娥，一个是纯狐。太康失国后，其孙后相外出投靠同姓部落斟鄩和斟灌，被寒浞之子浇杀掉。相妻后缗怀孕而逃归娘家有仍氏，生子少康。少康后来逃到有虞氏，有虞氏首领虞思将两个女儿嫁给少康。当时父系氏族的传统尚未消失。寒浞本为伯明氏之子，被逐后，羿收留了他，这是氏族社会收养义子的习惯。寒浞既然成了有穷氏族的成员，就得到了与本氏族成员完全平等的权利，为日后篡羿之位准备了条件。

此外，当时的一夫一妻制，还有着对偶婚的影子。后羿淫逸无度，霸占别人的妻子，而他的妻子纯狐则又同其养子寒浞通奸，合谋杀掉后羿。在这里，丈夫可以轻易地抛弃自己的妻子，而妻子一旦被弃，也就当然地跟了新的丈夫，夫妻关系是非常松散的，具有很大的随意性。

代夏而起的商朝，是奴隶社会的兴盛时期。活动于黄河下游地区的商族，原是一个比较落后的部族，始祖契相传为其母简狄吞玄鸟卵而生。到上甲微时，出现了严密的周祭制度，商人开始实行一夫一妻制。后来上甲微的六世孙汤，灭掉夏朝，统有中原地区，建立起新的王朝。

虽已进入文明时代，但商人的深层意识中还存在着许多旧时代的遗物，保留了不少原始群婚的残迹。根据出土的商代甲骨卜辞和钟鼎铭文，商人下一辈将上一辈通称为父或母，将再上一辈通称为祖或妣。如武丁既称自己的父亲小乙为父，又称小乙的兄弟阳甲、盘庚、小辛为父，既称生母为母，又称小乙的其他妻子即诸母为母。他们的名号以十天干来表示，像祖辛、父甲、妣乙、母丙等。这种特殊的称谓，就是商人多父多母的征象，就是兄弟共妻、姊妹共夫的伙婚制遗风。

商汤以后相当长一段时间的王位继承，是实行兄终弟及制度。如汤的儿子太丁未立而卒，不继续下传太丁之子，而传于太丁之弟卜丙，卜丙又传弟中壬。中壬死，才传给太丁之子太甲。像这样兄弟相传的事实，使商代三十个王（太丁除外），仅有十七世。直接传子的只有十二王，叔侄相传的四王，而兄弟相传的却有十四王。王国维《殷周制度论》说："商之继统法，以弟及为主，而以子继辅之，无弟然后传子。"很明显，这是受母系氏族社会财产继承制度影响的结果。另外，在无弟传子时，先是传给兄之子，即叔侄相传，这是与多父多母的情况相一致的。人们将自己兄弟的子女看做是自己的子女，子、侄的地位是平等的，都可以继承王位，况且卜辞中尚未出现"侄"字，也就是说，当时还没有侄的概念。到商代后期，王位才基本上变为父死子继。

由于母权制遗风的影响，商代妇女的地位还是比较高的。从甲骨卜辞中可以看出，商王对先妣极为尊崇，常常为她们举行特祭。在商代，先妣是和先祖一样看待的。到了周代，先妣便只是陪同先祖受祭了。商代重祭祀，而妇女则可以参与祭祀活动，甚至还可以担任主祭。商王的妻子们往往领有封地，总揽封地上的一切行政事务，只是像诸侯一样交纳贡品给商王。

她们还可以从事国家重要的政治活动和军事活动。这里，我们不能不提到妇好。

妇好是商代中后期君主武丁的妻子，也就是王后，卜辞中又称妣辛。据妇好墓出土文物及卜辞的记载，妇好是一位杰出的军事领袖，她曾多次作为远征军统帅，领兵大败不断袭扰商朝边疆的土方、羌方、巴方和夷方等部族，佐助武丁励精图治，重振国威。那时的女将军不止一人，武丁的另一个妻子妇姘也曾受命出征龙方，只不过名气不如妇好大罢了。

商王及王室贵族以天干为名号，对自己的祖先轮番地周而复始地在其名号之日进行祭祀，叫做周祭。周祭中，先妣和先王一样受祭，且卜辞卜、祭日的天干不是与王名而是与妣名一致，就是说，妻子受祭，并不是和丈夫同在一天。但我们还应注意到，先妣名前都要冠上所配先王之名，如"祖乙奭妣庚"、"武丁奭妣癸"，她们的祭祀次序按她们所配先王的即位次序来安排，即周祭是以先王的祭祀为基准的。这种处理方式，固然是为了区别同名先妣的世次，但它同时也表明，商代妇女的地位比起男子来还是要低一些的，而这正是文明时代之初婚姻关系的一个重要特点。

经过夏商时期的发展，一夫一妻的婚姻俗制终于确立下来，一夫一妻制能促使夫妻间爱情专一，和睦相处，使生活美满幸福。然而，私有制时代的一夫一妻制，在父权、夫权支配下，只是单方面对女子提出要求，它通常并不排除男子用各种名目，实行公开和秘密的多妻制。我们说商王婚姻是一夫一妻制，但实际生活则是一夫多妻。拿武丁来讲，他的妻子总数达六十四个，即使按多父多母的现象解释，武丁兄弟见于卜辞的有兄甲、兄丁、兄戊、兄己、兄庚五人，兄弟六人占有六十四个妻子，每人平均仍在十个左右，武丁本人更不会比这个数少。当然在商代后期，已经对妻妾作了区分。

周代在严格确立一夫一妻制的同时，明确规定了实际上的一夫多妻制的合理性，这主要表现在媵妾婚俗的盛行。

媵妾婚俗是指一个女子出嫁，女方要以同姓侄娣和奴仆随嫁，此外还有与女方同姓的国家送女儿陪嫁，称为正媵，也以侄娣相从。娣，指妹妹；侄，指兄弟的女儿。这些随嫁陪嫁的女子统称为"媵"。《仪礼·士昏礼》郑玄注："古者嫁女必以娣娣从，谓之媵。"《释名·释亲》中有"媵，承也，承事嫡也"。媵妾婚俗在商代就已存在，甲骨卜辞中还有"媵臣"，即随嫁的奴仆。伊尹就曾为汤妃有莘氏的媵臣。周代凡诸侯嫁女，同姓媵之，异姓则否，已有了比较严格的媵妾婚俗，春秋时尤为盛行。《诗经·大雅·韩奕》中有："韩侯娶妻……诸娣从之，祁祁如云。"可见媵妾数目之多。《诗经·召南·江有汜》毛序中有"《江有汜》，美媵也，勤而无怨，嫡能悔过也"。后人如孔颖达、朱熹等也都认为这首诗是叙述、赞美媵的。同为《召南》中的另一首《鹊巢》有云"维鹊有巢，维鸠盈之"，毛传谓"盈"为"满"，进一步解释为"满者，言众媵娣之多"。《公羊传》记载"诸侯一娶九女，二国往媵之，以姪娣从"。朱熹也认同此观点。至清代，陈奂则从婚嫁礼仪的角度证明了本诗与媵婚的关系。而《左传》也多有"来媵"的记载，"卫人来媵"（成公八年），"晋人来媵"（成公九年）。甚至与鲁异姓的齐国也"来媵"，如成公十年"齐人来媵"，打破了异姓不媵的规定。《楚辞》中也有这样的记载，如《九歌·河伯》"鱼鳞鳞兮媵予"，《天问》"媵有莘之妇"等。战国以后，社会制度发生重大变化，媵妾婚俗随之消亡。

从媵妾婚俗中我们可以看到伙婚制下姊妹同时共嫁的痕迹。汉景帝王皇后与其娣共入后宫。汉成帝纳赵飞燕及其妹为婕妤，后立赵飞燕为后。汉章帝先后立窦勋二女为后，梁竦二女、宋杨二女为贵人。汉献帝纳曹操三女为贵人。同时也可以发现周人婚姻中不分辈分高低的原始杂婚遗俗。姑侄同嫁一人，也就不论什么辈分。另外，当时还有外甥女与姨母同嫁一人及表侄女嫁于外表叔的情况。晋文公与赵衰同娶两个隗姓女子，文公娶妹季隗，以其姊叔隗妻赵衰，后又把自己的女儿嫁给他（《左传》僖公二十三年等）。鲁"季公若之姊为小邾夫人，生宋元夫人，生子，以妻季平子"（《左传》昭公二十五年）。公若为季平子庶叔，小邾夫人为平子庶姑。庶姑生宋元夫人，平子与宋元夫人是表兄妹关系，这里却将宋元夫人的女儿嫁给平子。到了汉代，各家族为了借联姻加强自己的势力，多行重亲，婚娶时也是辈分不分。汉惠帝的张皇后就是惠帝姐姐鲁元公主的女儿。这是舅父辈与外甥女辈之间的婚姻关系。齐懿王死后，其子厉王次昌继立。厉王的母亲纪太后"欲其家重宠"，又让妹妹做了厉王的王后。中山王卫姬之姑系宣帝婕妤，其姊又成为元帝婕妤，元帝生成帝及中山孝王刘兴。《汉书·外戚传》中讲道："成帝时，中山孝王无子，上以卫氏吉祥，以子豪少女配孝王。"这是姨母辈与外甥辈之间的婚姻关系。高祖之子赵王刘恢娶吕后兄子吕产的女儿为王后，这是表叔辈与表侄女辈的婚姻关系。有表姑与表侄的婚配，如汉元帝为成帝娶表姐许氏为妻。婚姻不论辈分的原始杂婚习俗在后世一些少数民族中也曾存在过。

妾的出现比媵妾婚俗略晚。《释名·释亲属》中讲到"妾，接也，以贱见接幸也"。《汇苑》："妾，接也，言得接见君而不得伉俪也。"妾的来源包括被掠夺的女奴、罪犯的妻女、贫家出卖的妻女、由于私奔而未经明媒正娶的女子。她们的地位同于奴婢，被视为贱妾。随着宗法制度的逐步加强，正嫡之外的次妃、副妻，媵妾婚俗中的媵，也一律被称作妾，或者贵妾。

关于周王妻妾的数目，前人或说一娶十二女，或说一百二十人，但王后终为一人，其余都属贵妾。《礼记·曲礼下》有言："天子有后，有夫人，有世妇，有嫔，有妻，有妾。"这里的妾，当在十二人或一百二十人之外，属于贱妾。周代诸侯一娶九女，其中一妻八妾。《曲礼下》说："公侯有夫人，有世妇，有妻，有妾。"孔颖达疏称世妇二人，妻六人，加上夫人正好九人，而贱妾不在九人之内。所以诸侯所纳并不限于九人。如齐襄公有九妃，又有六嫔，《管子·小匡》还说他陈妾数千。《诗经·齐风·敝笱》的"齐子归止，其从如云"，《大雅·韩奕》的"诸娣从之，祁祁如云"，也都反映了当时诸侯广纳姬妾的情况。卿大夫一妻二妾，嫡称孺人，备有侄娣。《仪礼·丧服》说大夫为贵臣贵妾服缌之服。这里的贵妾就是指侄娣。《白虎通·嫁娶》说："大夫功成受封，得备八妾者，重国家，广继嗣也。"就是说，大夫有时可以置至八妾。战国时期的卿大夫更有侍妾数百人的现象。士一妻一妾，嫡妻称妇人，另有一妾。处在社会下层的庶人，除了妻子，别无媵妾，因而有匹夫匹妇的说法。到了战国，由于社会制度发生变化，等级界限逐渐更新，一些庶人也往往纳妾。如《孟子·离娄下》中提到的齐人有一妻一妾，《庄子·山木》中谈及的阳子之宋，宿于逆旅（客舍），逆旅之人有妾二人，就是例证。

秦并六国，后宫爵列八品。汉初的妃妾制度，沿袭秦代，嫡称皇后，妾称夫人。武帝、元帝又增其级，共十四等，都有官职爵位，可以看作贵妾。此外有"家人子"、"待诏掖庭"等，可以视为贱妾。汉初宫女还不算多，武帝时增至数千。东汉时后宫十二等，采女一度也达五六千人。这里值得一提的是王莽。篡汉称帝后，王莽一味信古，快70岁了，还重立皇后，并一下子娶了119个妃嫔，凑足120人，有和嫔、美御等名号。晋代后宫有三夫人、九嫔、美人、才人等。晋武帝多内宠，姬妾近万人。南朝后期因经济窘困，后宫嫔嫱，位多不备。在北朝，魏孝文帝于左右昭仪之下，设三夫人等 120 人之位。隋唐继起，仍承 120 人之数。玄宗时，贵、淑、德、贤四妃相当于夫人，内职设六局二十四司，共 190 人，女史五十余人，都是挑选良家女子充任。宋、辽、金、元时的后宫人数也非常多。明朝诸妃位号取贤、淑、庄、敬、惠、顺、康、宁、昭等为称，下面也有一些嫔御之属。其中以皇贵妃为最尊，贵妃次之。但若有位号的妃子统摄六宫事务，则亦称皇，如皇宁妃、皇淑妃等，地位近于民间的"大姨太太"。清朝皇帝的贵妾也称妃，像瑜妃、瑾妃、珍妃等。

周代以后，皇帝之下各阶层也实行妾。汉初规定诸侯王一妃八子。后来这个数字被突破，武帝、昭帝、宣帝时诸侯妻妾达数百之多。东汉稍有限制，皇子封王，正嫡称妃，娶小夫人不得超过 40 人。但也有不少超过这个数字。仲长统《昌言》曾说当时"公侯之宫，美女数百"。汉代仕宦之家也纷纷蓄妾。像司马相如富贵后就曾想聘茂陵女为妾。当时妾的名目很多。有的称小妻，有的称小妇，这都是指受到宠爱的妾。此外还有地位低下的旁妻、下妻以及形同后世情妇的外妇。官宦之家的女子也有的甘为人妾。如成帝许皇后的姐姐与淳于长通奸，并为其小妻。窦融的女儿曾为大司空王邑的小妻。魏晋以降，由于妇女地位一度提高，妓妾虽广，正式的妾却远远少于汉代。隋唐时期，纳妾也受到一定限制。按照唐律，五品官以上有贵妾，称为媵，以下迄于庶人，则仅有妾。妾下面还有婢，如婢有子或者经放为良者，听为妾。宋律一遵唐律，但据元郑太和等人《家范》，在宋代子孙有妻子者，不得更置侧室，若年四十无子者，许置一人。纳妾的现象当时并不普遍。金海陵王时百姓亦许置妾。元代纳妾似有定数，故有妾而再娶者，笞四十七，离之。明代法律严格限制纳妾，亲王以下各有定数，如庶人四十岁以上无子者，才可选娶一妾。到了清代，对纳妾不加限制，权贵大臣、富豪巨商往往置妾多人。当然，广大劳动群众生活艰苦，不用说纳妾，就是娶妻也殊为不易，内多怨女，外多旷夫的现象一直非常严重。

父权制下一夫多妻的现象中，开始，各个妻子的地位是平等的，没有什么高低贵贱之分。大约在商代后期，出现了嫡妾的区别。到了周代，嫡妾之分更为严格。嫡妻是正式的妻子，一般出身高贵，其婚姻比较庄重，带有明显的政治色彩。《白虎通·嫁娶》："妻者，齐也，与夫齐体，自天子下至庶人，其义一也。"单从夫妻地位来说，妻子固然以丈夫为君，但就妻妾地位来讲，庶妾又以嫡妻为女君。"妻者，齐也"，正系对妾而言其与丈夫的关系。在家庭内，妻妾之间是统治与被统治的关系，不是长次、主副关系。妾称妻为主母，完全听命于她，甚至可以被卖掉。妾没有宗法地位，称为庶母，所生子女，称为庶孽。有时嫡妻无子，庶子成为继承人，其生母的身份却不能改变。如春秋时卫庄公夫人庄姜无子，庄公又娶陈女，陈女之娣戴妫有子，由庄姜收养，立为太子，而戴妫仍为媵妾。按照礼制，男子终身不能有二嫡。周代诸侯一娶九女，只有一女为嫡妻，媵妾只能在嫡妻死后代行其事，不允许变更名分。嫡妾之分已经成为宗法等级制度的一个重要内容。春秋时诸侯多次盟会，都议决将"无以妾为妻"列为条例之一。

秦汉以降，妻妾之间的名分仍比较严格。西汉孔乡侯傅晏由于以妾为妻，乱妻妾之位，被夺爵流放。后世妻死后另娶一妻，甚至将婢妾扶为正妻的现象并不少见，但继室一向被称为"填房"、"接脚夫人"，仍比不上元配。封建帝王对此尤为注重，配享先帝的往往只有一位皇后。为了维护礼制，政府还以法律形式禁止妻妾易位或尊妾为妻。唐律规定："诸以妻为妾，以婢为妻者，徒二年。以妾及客女为妻，以婢为妾者，徒一年半。各还正之。"宋代以后也有类似的规定。

嫡妾之分，主要是为了保证血亲集团的长久统治，防止子孙们对财产地位的争夺。王国维《殷周制度论》说："由传子之制而嫡庶之制生焉。夫舍弟而传子者，所以息争也。兄弟之亲本不如父子，而兄之尊又不如父，故兄弟间常不免有争位之事。……然使于诸子之中可以任择一人而立之，而此子又可任立其欲立者，则其争益甚，反不如商之兄弟以长幼相及者犹有次第矣。故有传子之法，而嫡庶之法亦与之俱生。"商代后期出现嫡妾之分的同时，继承制度也逐渐明确，即嫡妻所生的嫡子才有资格继承王位，庶子是不能继承的。据《吕氏春秋·当务》，商纣（帝辛）兄弟三人，微子启最大，其次是仲衍，纣最小。不过他们的母亲生微子启和仲衍的时候还是妾，后来才升为嫡妻，并生了纣。父亲帝乙准备以微子启为太子，太史却根据礼法力争："有妻之子，而不可置妾之子。"最后便以纣为继承人。《史记·殷本纪》亦有类似而略有出入的记载。周代继承制度更趋严格。《左传》襄公三十一年记鲁叔孙穆叔说："太子死，有母弟则立之，无则立长，年钧择贤，义钧则卜，古之道也。"昭公二十六年记周王子朝引先王之命说："王后无嫡，则择立长，年钧以德，德钧以卜。"国君应立嫡妻所生的大儿子为太子，继承君位，假若太子早死，就应由其母弟或先王嫡妻从嫁姪娣所生之子补充。如果嫡妻及其从嫁姪娣都没生儿子，便只得在众妾生的儿子中选择君位继承人。首先是选年龄大的，年龄相同就从中选择有贤能的，都有贤能就由占卜来决定。从周代开始，嫡长子继承制成为宗法制度的核心，并贯穿于整个封建社会始终。

嫡长子继承制出现后，得到社会的广泛认同。春秋时鲁惠公嫡妻仲子生桓公，立为太子。惠公死，桓公年幼，隐公以年长代行国政。但隐公为惠公贱妾声子所生，只能奉桓公为君，自己不能称即位，改葬惠公时也不敢以丧主自居而临丧哭泣。桓公稍大，隐公便打算交还君位，自己到别处养老。再如汉代，齐悼惠王刘肥为高祖"外妇"所生，在兄弟们中虽然年龄最大，但因是庶出而不能立为太子，可见嫡庶贵贱差别之大。

嫡长子继承制是建立在嫡妾之分基础上的，而嫡妾之分又往往与男女情爱相矛盾。庶妾一般年轻漂亮，很得丈夫宠幸。爱屋及乌，丈夫自然也宠爱妾生的儿子，并想方设法让其取代嫡子的地位，但这又总是遇到宗法势力的强烈反对。周幽王黜申后，废太子宜臼，强立褒姒所生伯服为太子，结果被申后之父申侯杀掉，宜臼继立。汉高祖刘邦爱幸戚姬，想让她生的赵王如意取代惠帝的太子地位。张良等人坚持旧制，拼力谏争，终使刘邦作罢。这说明嫡长子继承制是不容漠视的。不过，春秋战国时期，礼崩乐坏，战争不断，嫡长子继承制并没有得到很好地施行，各诸侯国采取了不同的王位继承方式。如鲁国实行父死子继和兄终弟及的继承方式；而楚国则是一种选立太子的继承制度，少夫人之子往往优先成为太子的人选。赵国的君主立储时，则往往唯自己的意志是从，以致出现君位之争。其后的汉朝，也不是完全遵从。据《汉书》帝纪统计，惠、景、元、成四帝是以嫡长子继承皇位，文、宣、哀三帝为外藩入继大统，武、昭二帝则是因嫡长子被废而得继位。据《后汉书》帝纪统计，明、和、殇三帝均是因废长立幼而即位，安、质、桓、灵四帝都为外藩入继皇位。其后各朝嫡长子继承者也比较少见。

当时，多妻现象仍时隐时显地发生。如春秋时卫国大叔疾一宫二妻，就是典型的多妻。多妻现象最严重的，要数魏晋以后的"并后"和"二嫡"。三国时吴末帝孙皓除了皇后滕氏，《三国志·吴志·妃嫔传》中讲到"内宠诸姬，佩皇后玺绶者多矣"。十六国中的前赵皇帝刘聪，同时立十数人为皇后。北周宣帝即位，一次就立杨氏等五六个人为皇后。五代以后，也有"并后"的现象，元代更以此为制。

社会其他阶层也有同时以两个女子为妻的情况。其原因大都是离散后，丈夫不知妻子生死而另娶，待局势安定，又与原妻团聚，并和两个女子共同生活，还在一定程度上得到政府的认可。西晋大臣贾充的第一个妻子李氏，因父亲被诛，离婚徙边，后遇赦得还。但这时贾充已经另娶郭氏为妻。于是"武帝特听置左右夫人"（《世说新语·贤媛》）。再如东晋陈诜，先娶李氏，被人掠去，又娶严氏。后李氏遇救，回到陈家，"诜籍注领二妻"。此外还有一娶二妻，公然视二嫡为正的现象。西晋安丰太守程谅，"先已有妻，后又娶，遂立二嫡"（《晋书·礼志》）。北齐时，魏臣刘芳的孙女和崔肇师的女儿，因夫家犯罪，被文宣帝高洋赐给魏收为妻，"时人比之贾充置左右夫人"（《北齐书·魏收传》）。清乾隆以后，准许一子兼承两房之嗣，民间便出现了"开门立户"的习俗，即一人借口兼桃，娶两个女子，并以为两房所娶都是嫡妻，称为"平妻"或"平处"，也称"两头大"。但是在法律上，仍视兼桃后娶之妻为妾。

五　各种婚姻形式的相继出现

人类在杂婚、血缘婚时期谈不上什么婚姻形式，男女之间只是依照自然法则或辈分关系相互交配。氏族外婚制出现以后，由于必须在氏族外求妻求夫，男女婚配关系开始明确，此后便相继出现了各种婚姻形式。首先是掠夺婚。

掠夺婚，又称劫夺婚，是以武力强行掠夺而达到成婚目的的一种形式。《说文》有言："婚，妇家也。礼，娶妇以昏时，故曰婚。"结婚要选在黄昏进行，这正是古代掠夺婚的写照。劫掠妇女以黄昏之时最为合适。《说文》所云"娶，取妇也"，亦即抢夺之意。我们还可以从《易经》中发现掠夺婚的一些影子。《屯卦》、《贲卦》及《睽卦》屡见"匪寇，婚媾"的话，是说并非出现了强盗，掠夺不过是为了婚媾。《仪礼·士昏礼》规定，男方"亲迎"要用全副的黑色装备（"载鬼一车"），可能也是掠夺婚的遗迹。

到商代，掠夺婚还非常盛行。从甲骨文中"妻"、"妾"等字的形体能够看出，她们的地位极为卑屈，很可能是从别族劫掠来的。还有"以婚姻议财不谐而纠众劫女成亲者，谓之劫亲"（赵翼《陔馀丛考·劫婚》）。后世也不乏此风俗的沿袭。南北朝时期，居住在北方的吐谷浑族也有这类婚俗，《魏书·吐谷浑传》中说："至于婚，贫不能备财者，辄盗女去。"《新唐书·吐谷浑传》也记载"婚礼富家厚纳聘，贫者窃妻去"。《金史·世宗本纪》记载："渤海旧俗男女婚娶多不以礼，必先攘窃以奔。"《金史·欢都传》记载："乌萨扎部有美女名罢敌悔，青岭东混同江蜀束人掠而去，生二女，长曰达回，幼曰滓赛。""昭祖及石鲁以众至，攻取其货产，虏二女子以归，昭祖纳其一，贤石鲁纳其一，皆以为妾。"《太平广记》"南荒人娶妇"条载"南荒之人娶妇，或有喜他室之女者，率少年，持刀挺，往趋虚路以侦之，候其过，即擒缚，拥归为妻。间一二月，复与妻偕，首罪于妻之夫兄，常俗谓缚妇女婿"。后来，掠夺婚逐渐由原来的真抢变为模拟抢劫的方式。宋人陆游《老学庵笔记》卷四曾记述："辰、沅、靖州蛮……嫁娶先密约，乃伺女于路，劫缚以归。亦忿争叫号求救，其实皆伪也。"宋人范成大《桂海虞衡志》对抢婚风俗略有微词："南州法度疏略，婚姻多不正。村落强暴，窃人妻女以逃，转移他所，安居自若，谓之卷伴，言卷以为伴侣也。"我国西南景颇、傈僳和傣族从前的婚俗，成婚前，青年男女事先约好时间和地点，由男子前去劫掠，女子则装出呼救的姿态，请家人及邻里营救，男子便带着伙伴设法逃走，或者将女子拖走，随后向女家求婚，并交上一定的财礼。又清田雯《黔书》载，苗族"妇女将嫁，男家往取，女家亲戚锤击之，谓之夺亲”。还有这样的情形，如对我国岭南地区民俗曾作过较深刻观察的宋人周去非，也在《岭外代答》卷十中记录过抢婚风俗：“深广俗多女，嫁娶多不以礼。……始也既有桑中之约，即暗置礼聘书于父母床中，乃相与宵遁。父母乍失女，必知有书也，索之衽席间，果得之，乃声言讼之，而迄不发也。岁月之后，女既生子，乃与婿备礼归宁。预知父母初必不纳，先以醨酒入门，父母佯怒，击碎之。婿因请托邻里祈恳，父母始需索聘财，而后讲翁婿之礼。”至于封建时代某些统治者利用强权和战争抢夺女子成婚，则与远古时代掠夺婚的性质完全不同，未可相提并论。《唐律·贼盗篇》说：“掠人为妻妾者，徒三年。”以后元、明、清各代法律均袭唐律，对这种婚俗严行禁止。

买卖婚（聘娶婚），是古代氏族族外婚中议婚的一种发展形式。也是私有制婚姻的一种表现形式。随着父权制的确立，一方面，女子的地位逐渐下降，沦为可以买卖的货物，另一方面，掠夺成婚的方法比较冒险，被劫女子的家庭每每寻机报复，结为婚姻的两族难于和平相处。于是，买卖婚应运而生。至于买卖婚的最初表现，可以从传说中的伏羲制嫁娶之法见到一点迹象。相传他规定“以俪皮为礼”，也就是用一对鹿皮换取女家的同意，达到成婚的目的。古人以“妃”字称男子的配偶，而“妃”字即取义于帛匹；以“帑”（同“孥”）字称妻子，而“帑”字乃“金币所藏也”。这与买卖婚不无关系。买卖婚至周代演变成为聘娶婚。男子按照聘的方式娶妻，其中父母之命、媒妁之言和聘书起着重要作用。婚姻过程依"六礼"而行。据《仪礼·士婚礼》记载，六礼包括：纳采、问名、纳吉、纳征、请期、亲迎。纳采，男方遣媒人带物品向女方求婚，女方如不同意便拒绝收礼。问名，女方接受纳采后由媒人通告双方的姓名年庚。纳吉，卜问于祖先鬼神，以决联姻适当与否。纳征（春秋时称"纳币"，宋代称"纳成"、"定帖"，俗称"订婚"），男方带财币去女方家订立婚约。请期，男方确定婚期后写在帖上，备上礼品派人通知女方，若女方收下礼物，表示同意所定日期，若不收则要另择婚期。亲迎，新郎亲自带领傧相、鼓乐、仪仗、彩舆等去迎娶新娘。六礼齐备，婚姻关系始告成立。然而，男女双方财富的多寡，往往又是婚姻关系能否成立的先决条件。而且在婚姻"六礼"中，纳采、纳吉、纳征三大项，也正是为议定娶妻的身价而设立的。古代天子、诸侯及士人、庶民结婚时都要使用聘金财礼。女子出嫁到男方，是男子聘礼的交换物。《礼记·曲礼上》讲道："非受币，不交不亲。"汉代天子娶后，以巨额黄金钱帛为聘礼，"汉高后制聘，后黄金二百斤，马十二匹。夫人金五十斤，马四匹"（《晋书·礼制》）。《汉书·宣元六王传·淮阳宪王》说："赵王复使人顾尚女，聘金二百斤，博未许。"《汉书·惠帝纪》："纳鲁元公主为后，聘黄金二万斤，马十二匹。"平帝纳王莽女为后，"聘皇后黄金二万斤，为钱二万万"（《汉书·王莽传》）。根据元朝《通制条格·户令》记载："上户金一两，银五两，彩缎六表里，杂用绢四十匹。中户金五钱，银四两，彩缎四表里，杂用绢三十匹。下户银三两，彩缎二表里，杂用绢十五匹。"妾更是可以公开买卖。所以，买卖婚与聘娶婚本质上是一回事，只是买卖婚偏重于事实上的钱财，聘娶婚则重视象征性的财物。当然在聘娶婚中，女方也要回送礼物或嫁妆给男家。买卖婚（聘娶婚）这种古老的婚姻形式，在私有制社会普遍存在，它造成了众多的婚姻悲剧，给人们带来了沉重负担和巨大灾难。

东汉以后，社会动乱不已，嫁娶大多难以遵行"六礼"，往往"以纱谷蒙女首，而夫代发之，同拜舅姑，便成妇道"（《通典》卷五十九），婚礼仪式已经大为简化。唐代的婚姻仪式虽沿袭古礼，但又吸收了许多少数民族的婚俗，使婚礼的仪式增多，其婚事程式有：通婚书（相当于"纳采"、"问名"）、答婚书（相当于"纳吉"）、女家受函仪（相当于"纳成"）、成礼夜祭先灵（相当于"庙见"）、"女家铺设帐仪"（宋代称"铺房"）、同牢盘、合卺杯、贺慰家父母（新婚夫妻回岳父母家）等。宋代政府的律礼和私家的礼书对复杂的婚礼仪式都提出简化。如政府主张"士庶人婚礼，并'问名'于'纳采'，并'请期'于'纳成'"（《宋史·礼志》），只保留"纳采"、"纳吉"、"纳成"、"亲迎"四个仪式。朱熹认为"纳吉"包括送礼币，不必在"纳成"之前再保留"纳吉"。所以，其《家礼》和司马光的《书仪》只有"纳采"、"纳成"和"亲迎"三个仪式。元、明、清三代统治者强调家长主婚的权利，所以在"纳采"之前增加一项"议婚"，把"同牵"、"合卺"改称"传席"，其余都依照《朱子家礼》。需要注意的一点是，明清两朝的婚礼在名义上虽依朱熹的成法，但民间婚嫁之礼并不受它的约束，许多婚姻仪式仍然相沿未改。聘娶婚（即"六礼之婚"）是由父母请媒人经办的，其联姻过程是由媒人从中斡旋的一场经济交易，正如俗语所言："上等人赔钱嫁女，中等人将钱嫁女，下等人卖钱嫁女。"从实质上看，聘娶婚是以家长买卖包办儿女婚姻为特点的婚姻形式，故又称"买卖婚"或"包办婚"。因此，聘娶婚的仪式是作为"父母之命"、"媒妁之言"的表现形式而存在的，并贯穿于婚姻的全过程。婚姻成功与否，经济实力是基础，媒人的手腕是关键，婚姻当事人的婚姻命运是由他人决定的。由此可见，聘娶婚以经济利益为重，以家族利益为重，婚姻当事人的个人利益必须服从家族的利益。成亲首要的不是个人的需要，而是为了家族的生存，从而排斥了男女本人的爱情，成亲变成了他（她）们的客观义务。当然，在财婚占主流的年代，也不免别样的声音。宋儒反对以财论婚者颇多，如司马光《书仪·婚仪》："文中子曰：'昏娶而论财，鄙俗之道也。'夫婚姻者，所以合二姓之好，上以事宗庙，下以继后世也。今世俗之贪鄙者，将娶妇，先问资装之厚薄，将嫁女先问聘财之多少，至于立契约，云某物若干、某物若干以求售女者。"可惜，婚姻重财，积重难返。

服役婚，是男子赴女家以服役支付妻子身价的婚

43

姻形式，是买卖婚的变异。如果男子无足够的财礼聘娶妻子，可为女家服役，至若干年，其代价足以补偿后，方能领妻回家。秦汉时期，北方少数民族乌桓，即实行服役婚。男子随妻还家，"为妻家仆役，一二年间，妻家乃厚遣送女"（《后汉书·乌桓传》）。魏晋南北朝以降，北方少数民族婚俗中也有此类情况，如《三国志·魏志·乌丸鲜卑东夷传》裴注引西晋王沈撰《魏书》讲道："乌丸者……其嫁娶皆先私通，略将女去，或半岁百日，然后遣媒人，送马牛羊，以为聘娶之礼。婿随妻归，见妻家无尊卑，旦起皆拜，而不自拜其父母。为妻家仆役二年，妻家乃厚遣送女，居处财物，一出妻家。故其俗以妇人计，至战斗时，乃自决之。"除乌桓（丸）外，尚有高句丽、东沃沮、室韦、高车等同样如此。如《旧唐书·北狄传》讲到室韦婚姻之法："男先到女舍，三年役力，因得亲迎其妇。"再后来，女真人中也流行过服役婚。服役婚在我国西南的彝、瑶、壮、傣、纳西等民族中，存在了很久。服役时间的长短，依据双方所定契约，少则一二年，多则上十年至十五年不等。有的条件极为苛刻，明代判案集《萧曹遗笔》卷二《告主占妻》说："六合县某人，身贫无配，赘豪党俊九使婢为妻。议工三年，准作财礼，婚帖存证，今身工满求归。"明代崇祯十四年（1641）的一份服役文书写道："安山立代招亲婚书房东谢良善、谢用明等，今有庄仆汪有寿，自幼父母继亡，次弟逃散，三弟众卖樟树度活。今有寿子立，日食难度，漂流无倚，向在外境佣工糊口，房屋倾颓，二门主众商议，久已拆毁，身无所栖，且年登二旬有五，无力婚娶，若不代为招亲，汪仆一脉，诚恐湮没矣。今有本族谢正仁家有使女，有寿浼求二门房东主婚，前往招到房东谢正仁使女为妻，议定填工贰拾贰年，以准婚娶财礼之资。工满听自夫妇回宗，日后生育，无问男女，听留一赔娘。所有二门主众当受酒礼银讫，二门人众每房议一二人画押为凭。余外房东家□不齐，不得生端异说。今恐无凭，立此招亲婚书为照。"第一份文书规定的服役期限是三年，而第二份中汪有寿的服役期限竟长达22年，不禁让人瞠目结舌。服役婚作为从妻居的一种形式，有的在继承女家财产后，即转为入赘。

古代影响最大的婚姻形式，当推收继婚。相传夏代后羿曾收伯明氏的寒浞为养子，并在赶跑太康后任用他为相。寒浞则勾搭上后羿的妻子，也就是寒浞的养母纯狐，而且合谋杀掉后羿。寒浞娶纯狐为妻，生下浇和豷（《路史》卷二十三）。这便是一宗收继婚。又夏朝的浇曾报嫂为妻。《楚辞·天问》："惟乱在户，何求于嫂……女歧同裳，而馆同爰止。"这也是收继婚的体现。收继婚，又称逆缘婚，表现为兄亡嫂嫁给弟，姊亡妹续嫁给姐夫，嫡子继承父妾，弟亡弟媳转嫁给兄，伯叔母转嫁给侄儿等形式。它起源于氏族族外婚时期。在当时，人们认为嫁到本氏族的女子，不仅属于夫家，而且属于夫家所在的氏族。夫死后若其妻改嫁，就会随之失去财产和劳动力，收继婚则可以将其约束于本氏族内。所以收继婚也是一种财产继承转移的变异形式，它继承和维护了原有的亲族系统，使死者子女不致外流到其他氏族而减少劳动力。周代以后收继婚仍然存在，春秋时期更是司空见惯。如《左传》桓公十六年载"初，卫宣公烝于夷姜，生急子"。夷姜是宣公父亲卫庄公的妻子，是宣公的庶母，庄公死后，宣公便娶了这位庶母，并生了儿子。后来卫宣公死后公子顽又娶后母宣姜为妻。童书业《春秋左传研究》指出："春秋时贵族家庭犹保有甚浓重之家长色彩，故男女关系较为通融，平辈间、上下辈间皆可发生婚姻关系，而最突出者为子承生母以外之诸母与弟之接嫂。此均家长制大家庭之特色。"书中还列举了《左传》此类事件十四例，诸如庄公二十八年晋献公烝齐姜、僖公十五年晋惠公烝其嫂贾君、成公二年楚国黑要烝其庶母夏姬等。游牧于北方的少数民族如匈奴、乌孙、鲜卑、柔然、突厥等，一直实行着收继婚。《史记·匈奴列传》："其俗，父死妻其后母；兄弟死尽取其妻妻之。"匈奴"妻后母"的习俗延续的时间颇长，直到4世纪初，仍有痕迹残留。如《晋书·刘聪载记》说：刘聪继位后，以其后母单氏为皇太后，并烝单后。刘聪子刘粲继位后，尊后母靳氏，樊氏，宣氏，王氏为皇后，亦烝诸后母。又《后汉书·乌桓鲜卑列传》记述："鲜卑族妻后母，报寡嫂。"《三国志·魏志·乌丸传》讲道："父兄死，妻后母执嫂；若无执嫂者，则己子以亲之次妻伯叔焉，死则归其故夫。"《三国志·魏志·吐谷浑传》记载："父卒，妻其后母；兄亡，妻其诸嫂；视罴死后，弟乌纥堤娶兄妻念氏，世伏死，弟伏允依俗继尚隋光化公主。"一些为和亲而远托异国的汉家女子也都入乡随俗。汉武帝遣江都王女刘细君为公主,嫁与乌孙昆莫,昆莫死,细君被昆莫孙岑陬收继为妻。"公主死,汉复以楚王戊之孙解忧为公主,妻岑陬。岑陬胡妇子泥靡尚小,岑陬且死,以国与季父大禄子翁归靡,曰:'泥靡大,以国归之。'翁归靡既立,号肥王,复尚楚主解忧,生三男两女:长男曰元贵靡;次曰万年,为莎车王;次曰大乐,为左大将;长女弟史为龟兹王绛宾妻;小女素光为若呼翕侯妻"(《汉书·西域传》)。元帝时,王昭君出塞嫁给匈奴呼韩邪单于,号宁胡阏氏。呼韩邪去世前,阏氏子继立为单于,又收继昭君为阏氏(《后汉书·南匈奴传》)。收继婚在中原地区也有遗留。如燕王刘定国"与父康王姬奸,生子男一人。夺弟妻以为姬"(《史记·荆燕世家》)。江都易王刘非死尚未葬,其子刘建"夜使人迎易王宠美人淖姬与奸服舍中"(《史记·五宗世家》)。汉代并不禁止兄亡妻嫂,如赵王彭祖娶亡兄妻淖美人,生子淖子,武帝不以为罪,反而诏淖子继嗣。不过,收继婚因严重违背汉人的道德标准而被法律禁止。

隋唐以降,随着社会经济文化的发展,收继婚在中原地区已不普遍。但由于少数民族婚俗的影响,特别是由于杨隋、李唐皇室与拓跋鲜卑有着重要的渊源关系,收继婚的遗风仍屡见不鲜。隋炀帝曾纳其父文帝宣华、容华二夫人。唐太宗也有娶异母弟媳杨氏的事。中宗女安乐公主嫁给武崇训后,与崇训胞弟延秀私通,还在崇训死后和延秀成婚,其婚礼也十分热闹。

唐代收继婚最典型的例子要数武则天的婚事。武则天14岁时，以"美容止"声闻于朝廷，引起年近40的唐太宗的注目，封为才人，赐号武媚，得到太宗的欢心，同时又深为太子李治所恋。太宗驾崩，她出居感业寺，削发做了尼姑，时年26岁。22岁的太子李治登基为帝（高宗），驾临感业寺进香，与她重生旧情。武则天再蓄乌发，入宫待寝，封为昭仪，五年后又册立为皇后。这里，武则天先为太宗的才人，即太宗的妻子，而高宗是太宗的嫡子，那么武则天自是高宗的庶母。高宗以庶母为皇后，与鲜卑、突厥及其他少数民族"妻后母"的习俗颇有相通之处。

五代时，晋出帝曾收继叔母。宋代北方女真人也普遍实行收继婚，兄死则弟妻其嫂，叔伯死则侄亦如之。文惟简在《虏廷事实·婚聘》中曾说："虏人风俗，取妇于家而其夫身死，不令妇归宗，则兄弟侄皆得以聘之，有妻其继母者。"

元代由于蒙古婚俗的影响，不讳收继，元世祖之女鲁国大长公主两次被夫方子弟收继。据《新元史·后妃传》记载："世祖女囊家真，封鲁国大长公主，始适斡罗陈为继室，改适纳陈子帖木儿（即斡罗弟），再适帖木儿之弟蛮子台。"斡罗陈袭万户，娶完泽公主，公主死，继娶囊家真公主。后来斡罗陈被弟兄尔瓦台杀，斡罗陈的又一个弟弟帖木儿，继娶囊家真公主。元代收继婚的范围，只许弟收兄嫂，子收庶母。如《蒙兀儿史记》说："古儿别速可敦，木乃蛮塔阳罕亦难察之后妻，而察死，以国俗再适其子塔阳罕太亦不合，盛年色美，而性严明骄贵，部众颇畏服之，乃蛮败亡，为成吉思汗所获，依蒙古礼成婚，有宠。"此即子收庶母，而前引鲁国大长公主则是弟可收嫂的一个典型例子。从《元典章》中可以看到，在蒙古族内，弟弟可以接续哥哥作赘婿收继寡嫂。弟弟与寡嫂逃亡后亦准收继。弟弟可收继要守志的寡嫂，也可收继未过门的嫂子。除了蒙古人、色目人甚至汉人、南人也有收继婚的习俗，并一直持续到明代。元代统治者虽曾多次下令禁止汉人、南人、色目人非本俗不得收继，由于法令规定不严格，措施不得力，对于汉人当中实行收继婚者并未产生多大约束力。

到明朝建国初年，朱元璋曾禁止收继婚，《明大诰》说"太祖严禁依元习同姓两姨姑舅为婚、弟收兄妻、子承父妾等胡俗"。宣宗宣德四年诏：凡犯不孝及烝父妾、收兄弟妻为妻，一切败伦伤化者，悉送京师，如律鞫治；若武官及其子弟有犯此者，不许复职承袭。永为定制。《明律·婚姻门娶亲属妻妾条》记载：若收父祖妾及伯叔母者，各斩。若兄亡，收嫂，弟亡收弟妇者，各纹，妾者减二等。在成化十一年正月，定亲属相奸罪例：时陕西宜川县民冯子名，兄亡，妻其嫂，法司拟以逆天道，坏人伦，有犯类此，及亲属相奸者，并依此例，从之。明包汝辑《南中纪闻》记载这样一条史料："湖北群邑……其弟配嫣嫂，兄收弟媳，已视为常事。"当时老百姓已习惯于这种婚俗，根深蒂固，虽然政府规定了严刑酷法，但要在短时间内移风易俗还是比较困难的。

满族是女真人的后裔，女真人收继婚的习俗在满族中代代相承。满人始祖猛哥帖木儿的母亲就曾被收继。朝鲜《李朝实录》世宗二十年七月条载："凡察之母，金伊甫哥之女也吾巨，先嫁豆万挥厚，生猛哥帖木儿。挥厚死后，嫁挥厚异母弟容绍包奇，生于虚里、于沙哥、凡察。包奇本妻之子吾沙哥、加时波。要知，则凡察与猛哥帖木儿非同父弟明矣。"在一般族人中，也有收继婚的现象。据《北族列女传》记载："温姐，北关人，酋长二奴妹，嫁南关酋长王台为继妻，生子猛骨字罗。王台卒，复嫁王台子康古陆。"

入关前后，满族中仍实行收继婚。顺治帝的母亲孝庄后，曾下嫁顺治帝的叔叔摄政王多尔衮。徐珂《清稗类钞·宫闱类》等野史笔记叙述了有关的种种迹象：多尔衮曾被称或自称为皇父；孝庄后是太宗皇太极的妻子，死后却没有附葬孝陵；孝庄后下嫁时礼部尚书曾进大婚的仪注。清朝统治者为巩固中央集权，维护满洲贵族的利益，对这一段史实及自己过去落后的婚俗讳莫如深，还明令禁止收继婚。然而社会上收继婚的流风余韵仍未消失。此可从清代律法窥知。如《大清律例》记载乾隆四十九年例："凡嫁娶违律，罪不至死者，仍照旧律定拟。至兄亡收嫂、弟亡收弟妇，罪犯应死之案，除男女私自配合，及先有奸情，后复婚配者，仍照律各拟绞决外，其由父母主婚，男女听从婚配者，即将甘心听从之男女，各拟绞监候，秋审时核其情罪，另行定拟。"由以上所引可知，直至乾隆时期，收继婚仍非常盛行，否则朝廷不会如此大动干戈地再三重申有关的律令。甚至到了嘉庆朝，收继婚俗仍自有其生存的土壤。据嘉庆十七年例："凡嫁娶违例，罪不至死者，仍以旧例定拟。至兄亡收嫂，弟亡收弟妇，罪犯应死之案，除男女私自配合及先有奸情，后复婚配者，仍照律各拟绞决外，其实系乡愚不知例禁，曾向亲族地保告知成婚者，男女各拟绞监候，秋审入情实。知情不阻之亲族地保，照不应重律杖八十。如父母主令婚配，男女仍拟绞监候，秋审时核其情罪，另行定拟。"以上律法，分别情形，量刑定罪。习已成俗，加之犯之者众，不得不酌为减轻。

直到半个多世纪前，蒙古族中仍流行兄死后弟娶其嫂的习俗，壮族、苗族、傈僳族、佤族、布依族、独龙族等也都普遍存在着平辈收继婚。人们有时也称平辈收继婚为转房婚。近世台静农的小说《拜堂》就反映了"叔嫂婚"这一婚姻形式，只是男女主人公已是敢于主宰自己命运的人。汪大病逝之后，作为一家之主的父亲，原想叫汪二将寡嫂卖了，"凑个生意本"。然而憨厚、率直的汪二不但不从，反而私下和嫂子相爱，并且违抗父令，与嫂子拜堂，正式结为夫妻。当然，《拜堂》描述的乡村"叔嫂婚"，也表现出在20世纪30年代的乡村，这一婚姻习俗已渐趋衰落。

招养婚，又称招赘婚，是指女子不出嫁，招男子入女家为婿的婚姻形式。它是服役婚的遗留和发展。《诗经·邶风·匏有苦叶》说："雝雝鸣雁，旭日始旦。士如归妻，迨冰未泮。招招舟子，人涉卬否。人涉卬否，卬须我友。"高亨先生注释此句时说："归和娶正

婚姻史话

是相对的词汇，可见归妻和娶妻意义不同……此诗不说'士如娶妻'而说'士如归妻'，是指男子出赘妻家。"太公望就曾为赘婿，后被赶出家门。《战国策·秦策五》说他是"齐之逐夫"。《说苑·尊贤》则进一步说他是"故老妇之出夫"。战国时的淳于髡也是"齐之赘婿"（《史记·滑稽列传》）。于此我们也可以看出，招养婚在齐地比较盛行。《汉书·地理志》在提到齐地风俗时说："始桓公兄襄公淫乱，姑姊妹不嫁，于是令国中民家长女不得嫁，名曰巫儿，为家主祠，嫁者不利其家，民至今以为俗。"这种在家主持祭祀的"巫儿"就是赘婿的妻子。陈顾远《中国婚姻史》说："赘婿之制或始于齐，系巫儿也。……惟不嫁云者，不外嫁而已，故得招婿入家。"

行招养婚者，除了"巫儿"这种特殊情况，大多是因家中无男子，或因深爱其女，不愿使之远离。入赘的男子改从女姓，多享有女家财产继承权，并赡养双亲为其传宗接代。男子入赘的原因，则多是家中贫困，没有娶妻的聘财。《说文》云："赘，以物质钱也。"男子入赘女家确同抵押品一样。秦国在商鞅执政期间，"家富子壮则出分，家贫子壮则出赘"，目的就是要救济家庭困难而不易娶妻的人。因为当时正常的婚姻是男迎女随，入赘自然被视为下贱之事，赘婿也被视为贱民。太公望、淳于髡都曾受到时人的贬斥。男子入赘后，不但降低了自己的社会身份，而且受到法律的歧视。秦律明确规定赘婿"无令为户，勿予田宇"，并剥夺三代为官的权利。睡虎地秦墓竹简《为吏

52

之道》讲到："廿五年闰再十二月丙午朔辛亥，告相
邦：民或弃邑居（野），入人孤寡，徼人妇女，非邦之
故也。自今以来，（假）门逆吕（旅）赘□后父，勿令
为户，勿鼠（予）田宇。三（世）之后，欲士（仕）
士（仕）之，乃（仍）署其籍曰：故某虑赘婿某叟之乃
（仍）孙。"大意为：有些百姓离开居邑，到野外居住，
钻进孤寡的人家，谋求人家的妇女，这不是中国固有的
现象。从今以后，凡属借门寄居的赘婿后父，都不准立
户，也不分给他们田地和房屋。在三代以后才许出仕，
但仍须在户籍上写明是某闾赘婿某叟的曾孙。赘婿还同
罪犯一起被强令戍边。秦始皇曾谪发赘婿与商贾、罪犯
等略取陆梁地，在桂林、象郡、南海戍边。

　　需要指出的是，后世也有因其他原因入赘的。中
唐以后，仕宦之家多于每年放榜之际，赐宴曲江之时，
招选乘龙快婿。究其原因，士子需要借官宦之家的声
势来确定自己的身份，进入上层社会，改变自己的命
运；而官家富室则以这种方式抢得为朝廷重视的文人
作婿，以抬高自家的声望，达到功利的目的。明代谢
肇淛在《五杂俎》一书中，对唐人的这种风俗进行了
详细描述："唐时进士，榜出后，便往期集院，醵金宴
赏……至曲江大会，先牒教坊，奏请天子，御紫云楼
以观。长安士女，倾都纵观，车马填咽，公车之家以
是日择婿焉。"据宋代笔记小说《武林旧事》记载，进
士唱名之时，"自东华门至期集所，豪家贵邸，竞列彩
幕纵观，其有少年未有室家者，亦往往于此择婚焉"。
元杂剧中就把文人及第后的才学和品行被官宦之家招

赘的情景描写得生动热闹。《裴度还带》里裴中立还带的义举加以文武双全的才智赢得"圣人大喜",又得韩延干招赘。《金钱记》中的韩飞卿也是拗不过友人的劝说,加上圣旨的压迫,只得入赘。就连一贫如洗的吕蒙正,也因才行被刘月娥视为"学剑攻书折桂郎"而中了刘家绣球。

招养婚在秦汉时期称"赘婿服役",宋代称"舍居婿"、"赘婿补代",元代称"赘婿养老"。以后,招养婚的习俗一直存在。如明代往往对男方的要求比较苛刻,如有一份契约是这样的:"祁门县十三都立托赘文书方勇,原入赘五都胡家,不幸丧妻,向未婚配。今有本县十西都汪阿李男汪六圣于先年身故,遗妻张氏六仙寡居,是勇得知,自情愿托媒李年空身投赘汪家,永远入籍当差。自成婚之后,侍奉李氏如同亲母,并男天赐、女天香并是方勇承管、供给抚养,并汪家户门差役俱是本身承当。日后本身生有男女并本身永远居住房东谢求三大房庄屋,逐年照例应主毋词,倘有违文,擅自逃回,听主告官理治,仍依此文为准。立此为照。嘉靖四十三年闰二月日。"从这份契约中可以看出,赘婿方勇不仅要"投籍"妻家,而且还要当差承当"汪家户门差役",并且这份文书还延及他的子女。入赘婚对于赘婿产生了某些特定的法律效力。从身份上看,赘婿在原则上仍保持与父家的关系,但在妻家期间与父家因家属关系而发生的法律效力被中止。赘婿与妻所生的子女应归妻家,赘婿应终身或在约定的年限内居住妻家,从而成为妻家的家属,服从妻家家长，对妻之父母及近家属负有赡养义务。关于子女所属问题，也有意见相左的。俞樾《右台仙馆笔记》记载："江宁徐某，为赘婿于汪氏，生一子矣。汪以其贫也，庸奴视之，徐不能堪而归。其妇翁商于皖，将移家至皖。徐闻之，往迎其妇，妇不可。徐知其将从母远去矣，谋于族人，议夺其子归，族人咸以为然。乃将七八人偕往，先遍拜其邻比，告以故，已而直入妇室，劫其子去。妇之母大呼有盗，而邻人无应者。责其坐视不救，邻曰：'徐氏之子，为徐氏父兄抱去，此正理耳，吾侪何与焉？'妇母又至徐氏索之，徐氏群起诟谇，不敢而返。"此赘婿徐某最终将儿子夺回。

现代文学中也不乏招养婚题材，如许钦文在《步上老》和《老泪》两篇小说中都描写了入赘婚：家贫出赘是《步上老》的主题；为了夫家血缘的延续而招赘则是《老泪》所表现的内容。未婚女子招进丈夫称为"入赘"；已婚妇女招进的丈夫称作"步上老"。做"步上老"的人往往是由于生活艰难，没钱娶妻，无可奈何，只得入赘到女方家去。书中男主人公长生由于家境贫寒不得不做"步上老"，而他的儿子也同样因为贫寒，即将面临这一境况。《老泪》则描述了黄老太太彩云的婚姻悲剧。先是两次订了婚，还未过门就死了新郎。后嫁给黄麻子做三填房，儿子不到周岁又死于天花，随后黄麻子也病死了。黄麻子临死前要她向人"借种"，说是他的"遗腹子"，结果她有了女儿明霞。为续夫家香火，她招女婿入赘："明霞从此改称妈妈为婆婆，她的丈夫叫彩云做妈妈了。"不久女儿又死了，于是她又为女婿续弦。几年后，入赘的儿子也就是女婿患传染病死了，她又为儿媳妇招了一个"补床老"（也就是"步上老"）。黄老太太的一生都是为了夫家子嗣的延续而活，其经历可悲可叹。

童养婚，也是我国古代普遍流行的一种婚姻形式。通常是有子嗣后，抱养别家的女子为养女，至其适龄婚期与本家之子成婚，俗称"圆房"，养女转为儿媳。民谣"十八岁大姐九岁郎，晚上困觉抱上床。不是公婆还双在，你做儿来我做娘"。形象而深刻地反映出这种"夫妻"间的荒唐关系。周代实行媵妾婚俗，嫡妻入宫，侄娣相随，侄娣中很多都是未成年的女子，与童养媳的性质颇为相似。秦汉以后帝王选取幼女或幼小时罪人掖庭者，待成年时，或留作自己的嫔妃，或赐予子弟为妻，事实上也是先养后御。宋明时期，这种婚姻仍盛行于宫廷。《宋史·后妃传》载仁宗周贵妃生四岁，从其姑入宫，被张贵妃当做女儿养育。她稍微长大，就去侍奉仁宗。《明史·后妃传》载宣宗孙皇后入宫时仅十余岁，成祖让诚孝后养育，不久宣宗结婚，诏选其为嫔。

童养婚在民间亦十分盛行。《三国志·魏志·东沃沮传》裴松之注引《魏略》说，东沃沮（在今吉林东部）之地，"其嫁娶之法，女年十岁，已相投许，婿家迎之，长养以为妇"。元代时，童养婚已成习俗，为法律所认可，《元史·刑法志》载："诸以童养未成婚男妇，转配其奴者，笞五十七，妇归宗，不追聘财。"在一般情况下，送女与他人做童养媳者多为贫苦人家，他们想借此免除对女儿的抚养负担。《窦娥冤》便提供了一个生动的例子，收童养媳的蔡婆婆自称："我家中颇有些钱财，这里有个窦秀才，从去年问我借了二十两银子，到今本利该银四十两。我数次索取，那窦秀才只说贫难，没有还我。他有个女儿，今年七岁，长得可喜，我有心看上她，与我家做个媳妇，就准了这四十两银子，岂不是两得其便。"送女儿当童养媳的窦秀才也表示："他数二次问小生索取，教我把甚么还他，谁想蔡婆婆常常着人来说，要小生女儿做他儿媳，况如今春榜开动，选场开，正待上朝取应，又苦盘缠缺少。小生出于无奈，只得将女儿端云送于蔡婆婆做儿媳去。"男方收童养媳，则是为了减少聘金的数量。史载，清代嘉道以后社会风气竞尚奢华，造成因奁费高、遣嫁难的现象。瑞州府新昌县贫中人之家，平时衣食粗足，嫁一女而负债，士族则鬻祭田而治妆奁，每嫁一女，几破中家之产，奁具或罄其家。可见嫁女已成为每个家庭一种非常沉重的负担。宁远旧称朴茂，近者风斯靡矣。婚嫁嘉礼也，媒妁敢居奇货，娶妇先问妆资，丧葬不闻哀制，生女苦于嫁妆，多致沉溺。而童养之法则有两省而无两难。然近有男女皆数龄，男父母取为童养媳者。此虽与婚礼未尽合，而事为节俭起见，在娶者不致有愆期之虑，嫁者不患办嫁妆之难，且服其水土，而且教训，亦礼缘义起也。女家可以省去抚养费和高额的嫁资，男家可以省去大量的聘金，同时还可挽救溺女之风，因此受到了民间和政府政策的支持，使得童养媳之风比较盛行。

童养媳的地位因家而异，但一般比较低下。她们往往承担繁重的家务劳动，还经常遭受体罚和摧残，有的还被转卖或转赠给另外的人。童养婚这种习俗一直延续至 20 世纪 40 年代。这在现代文学作品中多有揭示。沈从文的小说《萧萧》即是其反映。萧萧希望自己能像女学生一样自由，但她已经被定格为一个童养媳，她的人生只是为夫家延续香火，做劳力。后来她生了一个儿子，儿子又娶了一个大龄的媳妇。这一天，萧萧抱了自己新生的毛毛，却在屋前榆腊树篱笆看热闹，同十年前抱丈夫一个样子，又一个周而复始的轮回开始了。又曹石清的小说《兰顺之死》在展示女性的悲惨命运方面更令人震撼。作者写出了同为女性的婆婆对童养媳兰顺令人发指、惨无人道的暴虐行径。萧红的《呼兰河传》中的小团圆媳妇也是一个童养媳，最终被虐待而死。冰心的小说《最后的安息》同样写出了童养媳的悲苦。实际上，中国现代作家的现实生活中，和童养媳制度发生联系的很多，如郁达夫的姐姐郁凤九岁时就做了童养媳，王西彦的母亲骆宝球和他的三个姐姐都是童养媳，李金发的妻子朱亚凤也是童养媳，菡子的母亲从小就当童养媳。如此，在他们的文学作品中出现童养媳的题材也就不足为奇了。

冥婚，又称嫁殇婚、娶殇婚，俗称鬼婚，是男女两家为死亡子女联姻的一种婚姻形式。它是愚昧和迷信的产物。合婚时，卜告、制冠带，一切如仪。冥婚在周代已较流行，也开始被禁止。《周礼·地官·媒氏》有"禁迁葬者与嫁殇者"的规定。然而由于某些统治集团带头实行，这种形式在封建时代一直盛而不衰。汉末，曹操之子曹冲年十三染病而死，曹操"为聘甄氏亡女与合葬"。魏明帝之女曹淑死，明帝将母亲甄皇后已经死去的从孙甄黄与曹淑合葬。唐朝时，中宗韦皇后曾让亡弟与萧至忠亡女"为冥婚合葬"。韦皇后失败，"至忠发墓，持其女柩归"（《旧唐书·萧至忠传》）。冥婚在唐代社会里作为一种成熟的风俗，有着比较规范的操作仪式。《新五代史·杂传·刘岳》说："初，郑余庆尝采唐士庶吉凶书疏之式，杂以当时家人之礼，为《书仪》二卷。明宗见其起复、冥昏之制，叹曰：'儒者所以隆孝悌而敦风俗，且无金革之事，起复可乎？婚，吉礼也，用于死者可乎？'乃诏岳选文学通知古今之士，共删定之。"郑余庆的《书仪》反映了当时的冥婚风习已经规范化和制度化，成为人们广泛奉行的一种习俗。

敦煌文献《大唐吉凶书仪》中还有冥婚书仪，是给举行冥婚的人家提供往来应答的文书蓝本。如敦煌文书《大唐吉凶书仪》记载："问曰：何名会婚？会婚者男女早逝，未有聘娶。男则单栖地室，女则独寝泉宫。生人为立良媒，遣通二姓，两家和许，以骨同棺，共就坟陵。是在婚会也。一名冥婚也。"唐代笔记小说中也有不少关于冥婚的记载，如《纪闻》中的季攸，《广异记》中的长洲陆氏女、王乙、魏靖，《玄怪录》中的曹惠（分别见《太平广记》卷三三三《季攸》、《长洲陆氏女》，卷三三四《王乙》，卷三八〇《魏靖》，卷三七一《曹惠》），以及《鉴诫录》中的求冥婚等。其中关于王乙的记载是这样的："临汝郡有官渠店，店北半里许，李氏庄王乙者，因赴集，从庄门过。遥见一女年可十五六，相待忻悦，使侍婢传语。乙徘徊槐阴，便至日暮，因诣庄求宿，主人相见甚欢，供设亦厚。……后乙得官东归，途次李氏庄所，闻其女已亡，私与侍婢持酒撰至殡宫外祭之，因而痛哭。须臾，见女从殡宫中出，乃伏地而卒。侍婢见乙魂魄与女同入殡宫，二家为冥婚焉。"唐代诗歌中也有对冥婚的描写，比如临淄县主的《与独孤穆冥会诗》，就是根据独孤穆与临淄县主冥婚的传说而创造的。其序约略记述了这段阴阳间的缘分："贞元中，河南独孤穆者，隋将独孤盛裔孙也。客游淮南，夜投大仪县宿。路逢青衣，引至一所，见门馆甚肃，酒食衾褥备具。有二女子出见，自称隋临淄县主，齐王之女，死于广陵之变。以穆隋将后裔，世禀忠烈，欲成冥婚。召来护儿歌人同至，赋诗就礼。且云死时浮瘗草草，嘱穆改葬洛阳北阪。穆于异日发地数尺，果得遗骸，因如言携葬。其夜县主复见，曰：'岁至己卯，当遂相见。'至贞元十五年己卯，穆果暴亡，与之合窆。"佛教中也有这样的故事。《法苑珠林》卷七十五《唐峙岐州王志有冥婚怪》说："唐显庆三年。岐州岐山县王志任益州县令，考满还乡。有在室女，面貌端正。未有婚娉，在道身亡，停在绵州。殡脸居棺寺，停累月。寺中先有学生停一房内，夜初见此亡女来入房内，庄饰华丽，具申礼意，欲慕相就。学生容纳，相知经月。女与学生一面铜镜巾栉各一，念欲上道，女共学生。具展哀情，密共辞别。家人求觅此物不得，令遣巡房求之，于学生房觅得，令遣左右缚打此人。将为私盗。学生具说，逗留口云，非唯得娘子此物，兼留上下二衣共某辞别，留为信物。令遣人开棺检求。果无此衣。兼见女身似人幸处。既见此征。遣人解放，借问此人，君居何处。答云，本是岐州人，因从父南任，父母俱亡，权游诸州学问，不久当还。令给衣马，装束同归，将为女夫，怜爱甚重。"

此后冥婚之风愈演愈烈，到宋代，竟出现了专门做未婚夭亡男女两家联姻生意的"鬼媒人"。宋代康与之在《昨梦录》中记述说："北俗男女年当嫁娶，未婚而死者，两家命媒互求之，谓之鬼媒人，通家状细贴，各以父母命，祷而卜之，得卜即制冥衣，男冠带，女裙披等。"《昨梦录》还载："媒者就男墓，备酒果，祭以合婚。设二座相并，各立小幡长尺余者于座后。其未奠也，二幡凝然直垂不动；奠毕，祝请男女相就，若合卺焉。其相喜者，则二幡微动，以致相合；若一不喜者，幡不为动且合也。又有虑男女年幼，或未娴教训，男即取先生已死者，书其姓名、生时以荐之，使受教；女即作冥器，充保母使婢之属。既已成婚，则或梦新妇谒翁姑，婿谒外舅也。不如是，则男女或作祟，见秽恶之迹，谓之男祥女祥鬼。两家亦薄以币帛酬鬼媒。鬼媒每岁察乡里男女之死者而议，资以养生焉。"祭奠时纸幡微动或相合，表示死者同意婚事，不动则表示不同意。这是鬼媒人（巫觋）对死者意愿的理解。据周去非《岭外代答》记载，宋代岭南地区也有冥婚："钦、廉子未娶而死，则束茅为妇于郊，备鼓乐迎归而以合葬，谓之迎茅娘……直为冥婚，岂足尚哉！"

元代有的人家未娶妻的子弟死了，便去求别人家已死女子的骨骸，和死人一块埋葬。意大利人马可波罗所著《马可·波罗行记》记载了鞑靼人的一段风俗："他们又有一件古怪风俗，我方才忘记把它记下来。现在我要告诉你们。你们要知道，假如有两个人，一个把他幼子或未结婚的儿子丧失，而另一个人的未婚女孩死了，他们两家能举行婚好，连为亲戚。他们是在把死的女孩给死的男孩做妻。订立婚约后，再把婚约焚烧，烟升入空中。他们讲这婚约是到阴间他们孩子处，他们就此晓得这事，做起夫妇来。他们举行大的婚礼宴会，把席上他们吃的酒肉，沥一点在这里在那里，以为他们小孩在阴间里，也能得到这些东西。又有一件事情，他们也做的。他们在纸上绘画婢仆、马匹、布钱，以及其他各色东西的形状，以后再把这些东西一起烧了。他们讲，所有他们画的，同烧的东西，他们的小孩在阴间一齐能得到。还有，他们做完这事，两家人就此当做亲戚看待了。他们尊重这种姻亲，正如他们的小孩活着一样。"

清代冥婚习俗仍盛，如在山西地区，凡男女纳采后，若有夭殇，则行冥婚之礼，女死归于夫茔，男死而女改嫁者，另寻殇女结为婚姻，商定吉日合葬。此在各地的地方志中记载尤多，其中以山西为最。如山西《隰州志》说："男女殇，择年相若者为冥婚。两柩合葬，两家往来婚娅。"《浮山县志》："男子未聘，女子未字，既死而后议婚，两柩合葬，名曰'冥配'。"河北也不少，《新河县志》："又凡男女未克定婚，或定婚未行结婚而夭折者，经亲友或媒妁之说合，行冥婚，俗谓'娶干骨'。其仪式与生者略同而稍简，以女柩抬至男穴，吉服入葬。"《清稗类钞》中也有介绍："俗有所谓冥婚者，凡男女未婚嫁而夭者，为之择配。且此男女不必已聘此女，此女不必已字此男，固皆死后相配耳。男家具饼食，女家备奁具。娶日，纸男女各一，置之彩舆，由男家迎归，行结婚礼。此事富家多行之，盖男家贪女家之赠也。此风以山右为盛，凡男女纳采后，若有夭殇，则行冥婚之礼。女死，归于茔。男死而女改字者，别觅殇女结为婚姻，陬吉合葬，冥衣、楮锭，备极经营，若婚嫁然。且有因争冥婚而兴讼者。"

人们也把冥婚称为成阴亲或阴配。"冥婚，俗称干骨存亲、骨头亲。男女未婚而亡，由双方家长协商定亲，再行冥婚合葬礼，结为鬼夫妻。如找不到骨存，已亡故的男人或女人则以面人、纸人充之，此俗在境内仍有沿袭"。现当代文学作品中也有对这一现象的揭示，如王鲁彦《菊英的出嫁》描述了 20 世纪 30 年代乡村中的"冥婚"风俗。菊英八岁夭折，十年后也即她应成年时，其母要为她找婆家，她相信这样可除却菊英的寂寞与孤单，她"毅然地把女儿的责任照着向来的风俗放在自己的肩上了"。菊英娘在为菊英备嫁妆时费尽心思，各类金银首饰，四季衣服，各种被子、枕头，各类家具等一应俱全，还陪嫁了十亩良田。只是"各色纸童，纸牌，纸马，纸轿，纸桌，纸椅……"一切纸的物品才说明办着的是阴间的婚事。王安忆《天仙配》也是以 1949 年前中国一个村落的冥婚为故事背景的。在国共血战中，一个共产党小女兵重伤死在村中，村人不忍心她在阴间太孤单，为她找了地下冥配。若干年后，女兵当年的情人，如今垂垂老矣的高干找上门来要迁坟移尸永远纪念。此冥婚题材小说在生与死、记忆与现实、历史与当下的双重对视中，作者不只是对民众麻木愚昧的批判，还有对历史的反思与生命的拷问。有意思的是，冥婚也有入赘。陆容《菽园杂记》载："山西石州风俗，凡男子未娶而死，其父母俟乡人有女死，必求以配之。议婚定礼纳币，率如生者，葬日，亦复宴会亲戚。女死，父母欲为赘婿，礼亦如之。"入赘的冥婚形式在当代田野调查中没有发现，历史文献也仅见此处记载。当代山西地方志介绍的情况："山西长期流行冥婚制，即未婚男人死亡后，便为其找一位死亡的未婚女子，完成形式上的婚礼，葬在一起。如曲沃，在男子下葬时，男方将木主（牌位）放在小轿内抬至女宅迎亲，女方在牌位上写亡女生年年月，蒙红布，插榴花，抬回男宅，算是成亲，而后便将男女灵柩合葬。"

典妻婚，是买卖婚派生出来的临时性婚姻形式，是封建婚俗畸形发展的结果。柔石的《为奴隶的母亲》、罗淑的《生人妻》、许杰的《赌徒吉顺》均作于 20 世纪 30 年代左右，都反映了典妻这一现象。人们大概都知道柔石的小说《为奴隶的母亲》。春宝娘因为家庭贫困、无以维生，被丈夫租给了一个地主，在地主家过了几年，养了一个孩子又回了家。这个凄惨哀婉的故事，反映的就是一种典妻婚的现象。典妻婚以男方用钱财租借已婚女子作临时妻子为特点。绝大多数情况是男方已婚无子，家财富足，需要子嗣，女家夫妻经济困难，衣食不保，只得将妻子典当于别人。典妻有一定期限，并收租典金，男方到期将妻归还。典之外，又有雇，即计日受值，期满许归。

典雇妻妾之风，始于宋元之际。元世祖时，大臣王朝曾就南方典雇妻女之风上奏牒，请求禁止。元朝对此亦有禁令。禁令说："诸如女子典雇于人，及典雇人之子女者，并禁止之。若已典雇，愿以嫁娶之礼为妻妾者听。诸受钱典雇妻妾者禁，其夫妇同雇而不相离者听。"但典妻之风并没有在当时消失，如《元典章·礼部》"道官有妻妾归俗"条载："至十四年十月，行御史台准御史台咨来，咨浙西廉访司申，加兴路玄妙观住持提点杨立之畜养妻子及典雇张十四娘等三名，同房使唤，革后，不行悛改……违例畜妻，罪合决六十七下，退罢为民……还俗当差。"《续资治通鉴长编·哲宗卷》里甚至有关于皇室成员出租妻妾的详细记载。

至明清时代，典妻之风仍相沿不衰，如崇祯七年冯梦龙的《寿宁待志》记录道：在寿宁，贫苦百姓"或有急需，典卖其妻，不以为讳。或赁与他人生子，岁仅一金，三周而满，满则迎归。典夫乞宽限，更券酬直如初，亦有久假不归，遂书卖券者"。《大清律例便览·户婚》规定"必立契受财，典雇与人为妻妾者，方坐此律；今之贫民将妻女典雇于人服役者甚多，不在此限"。这几乎认可了典雇妻女现状的存在，因为只要不正式立契标明价钱，同时被典雇的妻女又有劳役在身，这种典雇便为法律所许可，其结果不但不能遏止此风，反而波及社会的中上阶层。《清朝野史大观·清人逸事》载：一位武将"鲍忠仕超未贵时，贫甚，典其妻与人"。后"勋名大著，乃赎妻归"。甚至还有因图色而典雇他人之妻的现象，此书又载："客游其地者，亦徵以消旅况，立券书限，即宿其夫之家，限内客至，其夫则避去，限外无论，夫不许，即夫素与客最笃者，亦坚拒不纳，欲续好，则更出徵价乃可。"另外，《清稗类钞·风俗》也有载录："浙江宁绍台各属常有典妻之风。以妻典人，期以十年、五年，满期则纳资取赎。为之妻者或生育男女，与外几不明其孰为本夫也。"典妻婚的出现和存在是经济剥削和社会黑暗造成的，是与传统宗法制度相联系的。这一风俗对女性造成极大的伤害。据《右台仙馆笔记》卷四，"有唐某者，以采樵为业。一母一妻，以捆屦织席佐之，而常苦不给。值岁歉，饔飧缺焉。闻邻村有王姓者，无子，欲典人妻以生子。唐谋于母，将以妻典焉。妻不可，唐曰：'妇人失节，固是大事，然使母饿死，事更大矣。'妇乃诺之，典于王，以一年为期。而妇有姿，王嬖之。及期往赎，王将典契中一字改为十字，唐不能争。妇告众曰：'吾隐忍为此者，以为日无多而可以活姑与夫之命也。若迟至十年，吾行且就木矣，其奚赎焉？'乃投水死。"唐某妇为活婆婆和丈夫之命，不惜忍辱负重，去做人典妻。在王某将期限改为十年之后，不堪其辱，走上绝路。

除了上述婚姻形式以外，中国古代还存在其他一些婚姻形式，如大量的表亲婚、自愿婚。表亲婚通常又称姑舅表亲婚，为远古血缘婚的残迹，其形式是兄弟的子女与姊妹的子女之间结成婚姻关系。如汉武帝陈皇后是其姑长公主刘嫖之女。再如东汉人钟瑾之母是李膺的姑姑，后来钟瑾又娶李膺之妹为妻。自愿婚是依据男女双方意愿，建立在真正爱情基础上的一种婚姻形式。另外，由官方安排的婚姻形式，即官配婚，也屡见于载籍。它带有很大的强制性，包括选婚（帝王将良家女子载回后宫或以罪家妇女配入掖庭）、罚婚（以罪人妻子断配他人）、赐婚（帝王将其选入内宫或掠自异族的女子赐予子弟或臣下）。此外还有赠与婚，即父母或某种有权势的人把子女赠予某人为配偶的一种婚姻形式。

六 婚龄俗制的变迁

　　婚龄是指可以结婚的年龄，一般又分为订婚年龄和结婚年龄。大致说来，人们进入成年阶段，也就到了订婚年龄。

　　周代开始，出现了冠笄之礼。冠礼是男子成年时举行的加冠（帽子）仪式，要在宗庙举行，由父亲或兄长主持。笄礼是女子成年时举行的及笄（簪子）仪式。行笄礼时，要改变幼年时的发式，把头发绾成一个髻，用一块黑布包住，然后再拿簪插住。主持者是女性家长，负责加笄的是女宾。举行冠笄之礼，表示社会承认并接纳这个男子或女子进入成人行列，可以让其成婚了。据《礼记·内则》和《春秋穀梁传》文公十二年等，加冠的年龄是二十，及笄的年龄是十五。《太平御览·服用部二十》引《白虎通》说："男子幼娶必冠，女子幼嫁必笄。"所以，冠笄年龄就是订婚年龄。但是古代国君加冠的时间，要比庶民百姓早一些，其目的在于"重国嗣"。据《左传》襄公九年记载，国君十二可以加冠，十五可以生子。东汉郑玄、贾逵、服虔和高诱也都认为天子、诸侯十二而冠，最晚不超过十五。这里说的都是虚岁。

对这一关于订婚年龄的礼制规定，古人遵守得并不怎么好，童幼之时既已许婚的现象十分严重。据《宋史·后妃传》，宋英宗的高皇后，从小就被仁宗收养于宫中。因与英宗同岁，仁宗便说日后要让他们二人婚配。长大后，二人果真结为夫妻，并生下了神宗。据《金史·后妃传》，金世宗早在四五岁时即与昭德皇后订婚。直到近代，童幼许婚的情况仍然很多。在一些地方，穷人家有了男婴，常常托媒人聘娶别人家尚在襁褓之中的女婴，抱回来抚养等到成年后再行婚配，称为"抱小媳妇"。

成婚年龄的高低，历代屡有变迁。由于社会经济文化和人类身体素质在不断发展，后世婚龄或较前世为低。当然《大戴礼记·本命》"太古男五十而室，女三十而嫁"的说法，也未必可信。

周代的成婚年龄，前人记述不同。男子三十而娶，女子二十而嫁，是最为通行的说法。《周礼·地官·媒氏》、《礼记·内则》、《春秋穀梁传》文公十二年等皆持此说。《白虎通·嫁娶篇》中借用当时颇为流行的阴阳学说杜撰了一套玄虚的理论，说："男三十而娶，女二十而嫁何？阳数奇阴数偶也……男三十筋骨坚强，任为人父；女二十肌肤充盈，任为人母也。合为五十，应大衍之数，生万物也。"《墨子·节用上》、《韩非子·外储说右下》则认为男子二十而娶，女子十五而嫁："丈夫年二十，毋敢不处家，女子年十五，毋敢不事人。此圣王之法也。""齐桓公微服以巡民家，人有年老而自养者，桓公问其故。对曰：'臣有子三人，家贫无以妻之，佣未反。'……（桓公）下令于民曰：'丈夫二十而室，妇人十五而嫁'。"有的便对这两种说法进行调和。《孔子家语·本命解》载，鲁哀公曾问孔子说："男子十六精通，女子十四而化，是则可以生人矣。而礼，男子三十而有室，女子二十而有夫，岂不晚哉？"孔子回答："夫礼言其极，不是过也。男子二十而冠，有为人父之端，女子十五而嫁，有适人之道。于此而往，则自婚矣。"据此，男子自二十至三十，女子从十五到二十，都可以嫁娶，都不算违礼。换句话说，男三十、女二十是指最高婚龄，男二十、女十五是指最低婚龄，并与冠笄的时间相一致，嫁娶不得过此。有人又把二十而嫁、三十而娶看做是庶人之礼。礼法对婚龄的规定也有某些灵活性。《礼记·内则》说：女子二十而嫁。"有故，二十三而嫁"。郑玄注："有故，谓父母之丧。"

是不是古人就完全遵依上述的礼法规定呢？我们可以先看看《左传》的有关记载。《左传》中没有三十而娶，二十而嫁或者二十而娶，十五而嫁的事例。《左传》涉及具体婚龄的只有襄公九年。鲁襄公随晋悼公伐郑以后，由大夫季武子陪同，为悼公送行。悼公得知他年已十二，就说："国君十五而生子，冠而生子，礼也。君可以冠矣。"季武子忙解释说，国君加冠，要有一系列仪式才行。回国途中，经过卫国，鲁襄公就在这个"兄弟之国"的祖庙里行了冠礼。

根据推算，鲁国国君的婚龄，桓公十八九岁，文公二十二三岁，宣公十四五岁，襄公十三四岁。卫、晋等国的国君，亦不见有三十以后成婚的。在鲁国国君中，只有鲁庄公的婚龄超过三十（三十七岁），是个例外。

其他阶层也没有严格遵循礼法上对结婚年龄的规定。孔子的儿子孔鲤（字伯鱼），年五十死，那时孔子年七十。《孔子家语·本姓解》说孔子"至十九，娶于宋之亓官氏，一岁而生伯鱼"，较为可信。颜路、颜回父子先后师事孔子。《史记·仲尼弟子列传》说，颜回比孔子小三十岁，颜路的年龄稍小于孔子（《家语》说他少孔子六岁），可知其婚龄是二十多岁。

一些统治者为了增殖人口，发展生产，增强国力，有时也强令人民及时婚嫁。《国语·越语上》载，越国被吴打败，越王勾践急于补充兵源，便下令说，男子二十不娶，女子十七不嫁，其父母要被治罪："令壮者无取老妇，令老者无取壮妻，女子十七不嫁，其父母有罪；丈夫二十不娶，其父母有罪。将免（娩）者以告，公令医守之。生丈夫，二壶酒，一犬；生女子，二壶酒，一豚。生三人，公与之母；生二人，公与之饩。"

婚龄的大小，嫁娶的早晚，与家庭的贫富，财产的多寡有密切关系。国君十五而生子，就是由于财产众多而得以早娶。贫穷之家，衣食不保，无力备置聘金财礼，即使到了娶妻的年龄，也难以成亲。据《说苑·贵德》，齐桓公外出遇上一位老人，年纪已经很大了，还自己料理生活。桓公问其故，老人回答："我有九个儿子，因为家里穷都没有娶妻，我叫他们出去给人帮工还没回来。"桓公便将自己的五名嫔妃嫁给他的儿子们。管仲对桓公说："如果您只给遇见的人以恩惠，那么齐国能够娶上妻子的人就太少了。"

至于什么年龄结婚最合适，古人已经从生理上有所认识。《大戴礼记·本命》、《白虎通·嫁娶》、《素问·上古天真论》都提到女子十四、男子十六而天癸至，然后精通；女子四十九、男子六十四而天癸绝，然后精绝。也就是说，男子十六、女子十四以后就可以结婚了。

降至汉代，早婚的现象更为严重，远比男三十、女二十的说法要低。汉昭帝八岁时即位。即位一个月，辅政大臣霍光、上官桀就为他立了皇后，是上官桀的孙女、霍光的外孙女，只有六岁。十二年后，昭帝去世，上官皇后也才十七八岁，仍未成人，但继承帝位的昌邑王还是尊她为太后。

汉平帝即位，只有九岁。王莽为了便于专权，就把女儿立为平帝的皇后。他女儿只有十二岁。王莽毒死平帝，另立只有两岁的刘婴为帝。当时平帝皇后不过十七八岁，被尊为太后。

曾对西汉后期政治有过重要影响的元帝王皇后（王莽姑母），十五岁左右便被献入朝廷，由宣帝选送太子宫。

东汉中后期，皇帝大都是幼年、少年登基，如和帝十四岁，安帝十九岁，顺帝十四岁，灵帝十四岁，因而选立的皇后年龄很小。

一般官吏和普通平民的婚龄也都比较小。"女圣人"班昭（曹大家）年十四岁就嫁给曹世叔为妻。乐府民歌《羽林郎》中，那个抗拒霍家豪奴冯子都调戏的酒家女子胡姬，十五岁就已有了丈夫。

同时，政府在法令上也鼓励早婚。汉惠帝六年（前189）诏令，"女子年十五以上至三十不嫁，五算"。算是人头税，每算一百二十钱。按规定，人出一算，现在过了十五岁不嫁的女子，则要出五算，以示惩罚。可见，这是把十五岁作为法定的女子出嫁的年龄。男子的婚年没有明文规定，估计是二十岁或者更早。

汉代早婚，对封建皇帝来说，是为了早立皇嗣，延续帝统，维护宗法政权的稳定；对一些官僚士大夫来说，是为了向人们炫耀富贵，扩大自己在社会上的声誉和名望；对下层百姓来说，则可借以增加劳动人手，维持家庭生计。汉以后各时代的早婚，也大都出于以上目的。

汉宣帝时，大臣王吉曾上书说："夫妇，人伦大纲，夭寿之萌也。世俗嫁娶太早，未知为人父母之道而有子，是以教化不明而民多夭。"（《汉书·王吉传》）尽管王吉要求的婚龄只是男子二十岁、女子十五岁，但他反对早婚的主张却是难能可贵的。早婚的施行给人们的健康带来了不良影响，大大提高了婴幼儿的死亡率。汉代年轻早夭的皇帝很多。以东汉皇帝为例，寿命从十岁到二十岁的有三人，二十岁到三十六岁的有五人，寿命在四十岁以上的只有两人，即光武帝（六十二岁）和汉明帝（四十八岁）。

汉末以后，战乱不断，人口锐减，给加强军力、发展生产都造成了巨大困难。为了增殖人口，统治者除了不断迫使寡妇改嫁，还明令早婚。西晋泰始九年（273），武帝命令全国，"女年十七父母不嫁者，使长吏配之"（《晋书·武帝纪》）。在《晋书·列女传》中，严宪和龙怜都是十三岁就出嫁了。

对早婚的要求，南北朝时期沿而未改。南朝梁武帝丁贵嫔年十四入侍武帝，陈文帝沈皇后也是十余岁即纳入宫中（见《南史·后妃传》）。南朝民间的早婚情况大致与晋相同。

北朝更尚早婚。北魏道武帝十三岁就有了明元帝。在文成帝以前，诸王年十五便赐妻别居，其后更低。所以景穆太子十三年岁生文成帝，文成帝十五岁生献文帝，献文帝十三岁生孝文帝。孝文帝幽皇后、昭皇后分别在十四岁、十三岁，宣武帝顺皇后在十四岁进入掖庭。北魏之后，早婚之风愈演愈烈。东魏高澄（齐文襄帝）年十二娶魏孝静帝妹冯翊长公主，齐后主高纬十四岁生幼主高恒（见《北史》各本纪）。后主弟高俨被杀时，年十四，已有遗腹子四人（《北史·齐宗室诸王传》）。周武帝也在建德三年（574）下诏说："自今以后，男年十五，女年十三以上……所在军民以时嫁娶。"（《周书·武帝纪》）

到了唐初，才稍革早婚之俗。贞观元年（627），唐太宗诏民男二十、女十五以上，州县申以婚媾，令其好合。然而皇宫内仍有早婚的情况。太宗文德顺皇后十三岁即入侍宫中。唐代中期更明确恢复了早婚的规定。开元二十二年（734），玄宗"敕男年十五、女年十三以上听婚嫁"（《唐会要》卷八十三等）。不过安史之乱后，婚姻受到战乱的影响，人们的实际婚龄大都推迟。白居易《赠友》诗就反映了当时的这种现象："三十男有室，二十女有归。近代多离乱，婚姻多过期。嫁娶既不早，生育常苦迟。"民间婚姻耗费钱财，一般老百姓很难承受，贫困人家的子女更是望而却步。白居易《议婚》就说："贫为时所弃，富为时所趋。红楼富家女，金缕绣罗襦。见人不敛手，娇痴二八初。母兄未开口，已嫁不须臾。绿窗贫家女，寂寞二十余。荆钗不值钱，衣上无真珠。几回人欲聘，临日又踟蹰。"

宋朝律令规定的婚龄，基本沿袭唐开元之制。但是，司马光《书仪》却把婚龄定为男十六以上，女十四以上。朱熹《家礼》与此相同，并成为明清时代制定法令的依据。当然，人们也没有绝对按这个规定嫁娶，女子的婚龄或许比十四岁要高。据《宋史·后妃传》，宋太祖为太宗选明德李皇后为妃，时年十六。辽、金人的婚龄也不是很小。《辽史·列女传》共收录五人，其中提及成婚年龄的有四人，耶律述妻十八而嫁，耶律中、耶律奴及邢简之妻均二十而嫁。据《金史·后妃传》，显宗昭圣皇后选入宫时，年二十三。又据《列女传》，聂孝女年二十三，适进士张伯豪。元代，嫔妃中有很多人，年幼时即入侍宫中，但在民间，十六至二十一而嫁，仍较为普遍。至于男子的婚龄，由于科举考场竞争激烈，进士名额有限，士人阶层往往因为备战科举而晚婚，也有因为治学而延误婚期。比如，富弼年轻时立志"未第决不娶"（邵伯温《邵氏闻见录》卷十八），直到二十八岁登科才娶妻。许多读书人自觉地"以功名为心，意不在色"（洪迈《夷坚志》乙志卷十）。南宋人陈修登科时年过七旬，尚未婚娶，宋高宗就把宫女施氏嫁给他，时人戏为之语曰："新人若问郎年几，五十年前二十三。"（罗大经《鹤林玉露》乙编卷之六）因家贫不能适时婚配的情况在普通士人阶层非常明显。例如欧阳修《孙明复先生墓志铭》中就详细记录："先生年逾四十，家贫不娶，李丞相将以其弟之女妻之。先生疑焉，石介与弟子进曰：'公卿不下士久矣，今丞相不以先生贫贱而欲托与子，是高先生之行义也，先生宜因以成丞相之贤名。'于是乃许。"黄庭坚《刘咸临墓志铭》中的刘和叔，"以家难故，晚未娶，后不立。其母兄哭之哀甚"。

明洪武元年（1368），明太祖下令，庶民嫁娶年龄，一依朱熹《家礼》。但《明史·列女传》提到的实际婚龄，最低是十四岁（蔡本澄妻），最高是二十四岁（玉亭县君），一般十七八岁。清因袭明朝旧制，然而在民间，早婚的现象却一直都很严重，这与满族婚俗不无关系。"满洲之早婚，在全国可居第一。男子生十三四即结婚。至二十岁以上方结婚者，俱为贫人"（胡朴安《中华全国风俗志》下编）。

古代礼法上的成婚年龄，以男高于女为通例。前人所谓男女婚姻各有其时，"合男女，颁爵位，必当年德"（《礼记·礼运》），也以此为标准。

按照男子三十而娶，女子二十而嫁的礼制规定，夫妻间似应相差十岁。但婚姻又是一种综合性的社会行为，并不能仅仅依据岁数来定，还要考虑品德、相貌、财产、门第诸因素，所以前人又说："男年二十以后，女年十五以后，随任所当，嘉好则成，不必要以十五六女配二十一二男也。虽二十之女配二十之男，三十之男配十五之女亦可。"（《诗经·召南·摽有梅》）

尽管这样，夫妻年龄相差过大，仍被人们视为不正常的现象。老年男子娶了年轻妻子，人们称之为"枯杨生稊"，还用"一树梨花压海棠"来形容其夫妻生活。老年女子嫁与年轻男子，更是违反妻小于夫的通常之例，人们称之为"枯杨生华"，表示极其罕见。它有时还被当做耻辱之事。晋武帝为太子娶贾南风，时女年十五，太子二岁（《晋书·后妃传》）。明宪宗年十六即位，万贵妃已三十有五（《明史·后妃传》）。史籍记载这类事情，都含有讥讽的意味。在满族人中，"惯以年长之女子配少年之男子，十三四岁之男子，必娶十七八岁之女子。盖其目的，在望女子真事妇职母职，并为家庭之看护者也"。直到近代，我国还有许多地方流行娶长媳的婚俗。娶来的长媳固然可以利用来操井臼、持门户，为家里增添劳动人手，但这种女大男小的婚配，使得当事人生理上难以协调一致，造成终身痛苦，妻子怨叹青春空过，有时也会红杏出墙，干出婚外性恋之事，结果酿成奇案。清代俞樾《右台仙馆笔记》卷四就载有这样的故事。

古代夫与妾的年龄相差一般比较悬殊。男子纳妾，一是为了贪恋新色，一是为了生育子嗣，所以自然要选那些年轻漂亮的女子。古时所谓妾，不论是贵妾还是贱妾，年龄都比丈夫小得多。《周易·说卦传》有："兑为少女，为妾。"《国语·郑语》说周厉王时，玄鼋"入于王府。府之童妾未既龀而遭之，既笄而孕"（龀，儿童换齿，即脱去乳齿，长出恒齿。旧说女七岁换齿）。可见，对妾来说，从七岁到十五岁，便已属于适婚年龄。有些王朝对一般百姓纳妾的年龄有所限制，如明朝限定庶人四十岁以上纳妾，从而使夫与妾的年龄相差更大。

另外，古代婚嫁也讲究同胞长幼之序。男的以出生次序婚娶，不得逾序；女的亦要以长女、次女、三女等次序成婚。否则，必须用特殊的形式或象征性行为来解除长幼颠倒的禁忌。

七 "六礼"与民间婚仪

　　相传伏羲制嫁娶之法，"以俪皮为礼"。原始时代的人们重视渔猎，以兽皮为贵，男方向女方求婚，只要送上两张鹿皮就可以了。这算是传说中最早的婚礼。后来，在"以俪皮为礼"之外，又加了一条"必告父母"，即要征得父母同意，当事人双方决定婚事的权利渐趋消失。夏商时代，除了上面两条，还要"亲迎于庭"、"亲迎于堂"（《通典》卷五十八），反映出男性在婚姻生活中地位越来越高。

　　到周代，婚姻更带有明显的政治色彩，男女双方的结合多是为了合二姓之好，上事宗庙，下继后世。结婚成为一种社会行为，于是便出现了比较完整的婚姻礼仪。据《礼记·昏义》，当时婚娶有所谓"六礼"，即纳采、问名、纳吉、纳征、请期、亲迎。这实际是婚礼的六个阶段。

　　纳采，是男家请媒人提亲，女家同意议婚，男家再备礼向女家正式求婚。礼物为雁。或以为雁终生专一，用雁作礼物，象征着婚姻的和谐。问名，是男方在求婚后，托媒人问清女方的姓名和出生的年、月、日。纳吉，是男方在宗庙里占卜，看看双方结合吉凶与否。卜得吉兆后，再请媒人通知女方。这时双方才算正式订了婚。问名和纳吉所用的礼物仍为雁。纳征，又称纳币，就是决定婚约后，男方请媒人向女家送聘礼。礼物主要有三：一是玄𫄸，即用深红和浅红两种颜色制成的衣物；二是束帛，即一束（五匹长）帛；三是俪皮，即上面提及的一对鹿皮。请期，就是选择好婚期之后，请媒人备礼到女家，征得同意。礼物为雁。亲迎，就是新郎亲往女家迎娶新娘。车轿到男家，还要举行共牢合卺等仪式。共牢，即举行婚礼时，新郎新娘共吃祭祀后的同一肉食，以象征自此以后夫妻尊卑相同。合卺，即新郎新娘各用一片瓜瓢喝酒漱口，以表示自此以后夫妻相爱相亲。亲迎往往被视为婚礼的主要程序，有人甚至认为只有亲迎才算婚礼，以前的五项都是议婚、订婚的过渡性阶段。

　　"六礼"在《诗经》中均有反映，如《卫风·氓》中的"尔卜尔筮，体无咎言"，即是纳吉时采用筮法以定吉凶的生动例子，而"将子无怒，秋以为期"，显然是对婚期的揭示。亲迎之礼，所见更多，其中最典型的是《大雅·大明》中周文王远途到渭水边的有莘部落去迎娶太姒。如《卫风·氓》的"以尔车来，以我贿迁"，《郑风·有女同车》的"有女同车，颜如舜华"，《齐风·著》的"俟我于著乎而"、"俟我于庭乎而"、"俟我于堂乎而"，《豳风·东山》的"之子于归，皇驳其马"，《大雅·韩奕》的"韩侯迎止，于蹶之里"等，都是描述亲迎的情景。

当然，在举行婚礼时，人们也不是刻板地分成六个程序。据《左传》昭公二年记载，晋大夫韩宣子到鲁国聘问，随后又北上，"如齐纳币"，为晋平公聘娶齐景公的女儿。不久，晋平公就派韩须"如齐逆女"。这里的纳币，是将纳采、问名、纳吉、请期等一块儿办了。另外，"礼不下庶人"，家境贫寒的下层百姓不可能也不愿意浪费资财来按照"六礼"婚嫁，就连身为大夫的叔梁纥也无视"六礼"，与颜氏之女"野合"而生了孔子。

婚礼中，媒人是男女双方议婚的中介人。媒又称媒妁。媒，指谋合二姓；妁，指斟酌二姓。或说男称媒，女称妁。《周礼·地官》提到媒人时说："媒氏，掌万民之判。"《诗经·豳风·伐柯》："伐柯伐柯，匪斧不克。娶妻如何？匪媒不得。"后世又称媒人为"伐柯人"，称提亲为"伐柯"，称做媒为"执柯"。宋人吴自牧《梦粱录》"嫁娶"条载："其伐柯人两家通报，择日过帖。"即指媒人说亲。《战国策·燕策》甚至说："处女无媒，老且不嫁。"社会上对媒人非常重视，往往将媒妁之言与父母之命并提。如果婚娶不用媒，一方面会受到人们的耻笑，另一方面也会使婚娶难以成功。《管子·形势解》说："妇人之求夫家也，必用媒，而后家事成。"还说："求夫家而不用媒，则丑耻而人不信也。"《孟子·滕文公下》也说："下不待父母之命，媒妁之言，钻穴隙相窥，逾墙相从，则父母国人皆贱之。"《礼记·曲礼上》讲得更明确："男女非有行媒，不相知名。"

当时天子娶诸侯之女，要让同姓诸侯的大臣做媒。诸侯娶女，也要以大臣为媒。普通平民的婚姻同样要请媒人撮合。《诗经·豳风·伐柯》就是描写一个男子请媒人吃饭，委托他介绍对象的情景。《卫风·氓》叙述一位姑娘告诉情人不能及时成婚的原因时说："非我愆期，子无良媒。"有些媒人为赚取钱财或达到别的目的，往往采用瞒骗手段，两头说好话，引起人们的反感。《战国策·燕策》记载："周地贱媒，为其两誉也，之男家曰女美，之女家曰男富。"可见媒人嘴，两头甜，古来如此。如《太平广记》记载的关于霍小玉的故事："媒鲍十一娘者，故薛驸马家青衣也，折券从良，十余年矣。性便僻，巧言语，豪家戚里，无不经过，追风挟策，推为渠帅。常受生诚托厚赂，意颇德之。"说媒的习俗，一直延续至今。

除了民间的私媒，政府还设有官媒。《周礼·地官·媒氏》载："媒氏掌万民之判，凡男女成名以上，皆书年、月、日、名焉。"《管子·入国》载："凡国都皆有掌媒。"后代也有官媒，称为媒官，或称媒互人。

婚礼的进行由主婚人主持。结婚者等级地位不同，也就有不同等级的主婚人。周天子地位最尊贵，主婚人一定要由同姓诸侯担任。周桓王娶后，以鲁桓公为主婚人。周惠王娶后，婚礼由虢、晋、郑三国诸侯主持（《左传》桓公八年、庄公十八年）。其他阶层也有固定的主婚人，如《公羊传》庄公元年说："天子嫁女乎诸侯，必使诸侯同姓者主之。诸侯嫁女于大夫，必使大夫同姓者主之。"周代以后，皇帝婚娶，一般自命特使，使其持节行纳采之礼。汉代皇帝嫁女，以同姓诸侯为主婚人。唐代皇子纳妃、公主下嫁，婚礼皆由亲王主持。

汉代婚姻仪式基本上依循"六礼"，但也不是完全按其程序办理。汉平帝立王莽之女为后，场面非常宏大，才不过进行了纳采、卜吉和遣使持节奉迎几项。《汉书·外戚传》记载，王莽决定把其女嫁给汉平帝，"遣长乐少府夏侯藩、宗正刘宏、少府宗伯凤、尚书令平晏纳采"。"太史令以下四十九人……以礼杂卜筮，太牢祠宗庙，待吉月日。明年春，遣大司徒宫……大夫歆奉乘舆法驾，迎皇后于安汉公第"。然而，汉代纳采等项所用的聘礼要远远超过周代。惠帝结婚时，彩礼中单是黄金就是两万斤。《后汉书·皇后纪》记载，汉桓帝娶梁女莹，"悉依孝惠皇帝纳后故事，聘黄金二万斤，纳采雁璧乘马束帛，一如旧典"。

刘汉政府正式制定婚礼是在平帝元始三年（3）。据《汉书·平帝纪》，这一年，光禄大夫刘歆等奉诏制定婚礼，规定："四辅、公卿、大夫、博士、郎、吏家属皆以礼娶，亲迎立轺并马。"并马即俪马，也就是双马。

迎亲时看新妇，闹新房的习俗在民间已经出现。或以为此风气在《诗经》中已微有萌芽，《唐风·绸缪》讲道："绸缪束薪，三星在天。今夕何夕，见此良人。子兮子兮，如此良人何！绸缪束刍，三星在隅。今夕何夕，见此邂逅。子兮子兮，如此邂逅何！绸缪束楚，三星在户。今夕何夕，见此粲者。子兮子兮，如此粲者何！"陈子展《诗经直解》说："《绸缪》，盖戏弄新夫妇通用之歌。此后世闹新房歌曲之祖，从来解诗者，不知其为戏弄新夫妇谐谑妒羡之辞。"《汉书·地理志》载，燕地（今河北北部）风俗"嫁取之夕，男女无别，反以为荣。后稍颇止，然终未改"。东汉仲长统《昌言》说："今嫁娶之会，捶杖以督之戏谑，酒醴以趣之情欲，宣淫泆于广众之中，置阴私于族亲之间。污风诡俗，生淫长奸，莫此之甚。"有时甚至会因这种习俗闹出人命。"汝南张妙会杜士，士家娶妇，酒后相戏。张妙缚杜士，捶二十下，又悬足指，士遂至死"（《全后汉文》卷三十八）。当时嫁娶争相奢侈靡丽的现象十分严重。

汉末以后，战乱不断，社会动荡，婚娶已不可能依循"六礼"的规定进行，魏晋南北朝的太子纳妃，也都取消了亲迎的仪式。本来，按照礼制，新娘在共牢合卺的第二天拜见公婆，然后才算是与新郎完婚，成为夫妇。现在岁遇良吉，急于嫁娶，只得权为"拜时"之制。新娘用纱巾蒙住头，新郎揭去纱巾，随后拜见公婆，便成为夫妇，名为"拜时"，新娘称"拜时妇"（《通典》卷五十九）。

魏晋南北朝时期，看新妇，闹新房的习俗仍很盛行，几乎成为婚礼中一个必不可少的组成部分。《梁书·徐摛传》说："晋宋以来，初婚三日，妇见舅姑，众宾皆列观。"东晋谢石娶诸葛恢之女，王羲之曾专门去看新娘。（《世说新语·方正》）据《南史·齐高帝诸子传》，南朝齐武帝为河东王娶了大臣柳世隆的女儿，成婚之日，特地带领群臣去看新娘。在民间的婚礼上，人们可以与新人嬉笑打闹。东晋葛洪《抱朴子·外篇·疾谬》说："俗间有戏妇之法，于稠众之中，亲属之前，问以丑言，责以慢对，其为鄙黩，不可忍论。或蹙以楚挞，或系脚倒悬。酒客酗嚣，不知限齐，至使有伤于流血，踒折支体者。"

在北朝，还有打女婿的习俗。举行婚礼时，新娘家里的人和亲友，将新婿棒打一顿，有的是认真打，更多的是象征性地打闹一阵。唐代段成式《酉阳杂俎·礼异》说："北朝，婿至妇家，妇女毕集，以行杖打婿，至有委顿者。"也有的因这一习俗而成仇。《北史·后妃传》载，北齐文宣帝迎娶段昭仪时，昭仪的嫂子元氏按照民间习俗戏打文宣帝，文宣帝记恨在心，后又对昭仪的哥哥段韶说："我将会杀死你的妻子！"元氏十分恐惧，躲藏在娄太后宫中，直到文宣帝去世后才敢出来。

唐代婚礼节目繁多，很有特色。纳采要用合欢、嘉禾、阿胶、九子蒲、朱苇、双石、绵絮、长命缕、干漆。这九样东西各有寓意，如胶、漆取其牢固之义；绵絮取其调柔之义；蒲、苇为心，象征可屈可伸；嘉禾，表示分福；双石之义在于双方心志专一而牢固。

按照"六礼"，纳征就是订婚，须有一定的文字记录。男方行过纳吉之礼，写好请婚之书送给女家，女家答书许讫，唐代称之为"报婚书"。男方收到婚书，再行纳征之礼，婚姻关系也随之确定下来。唐以后的

"过细帖"、"相亲"、"插钗"以及"传庚"、"定亲"、"换帖"等，都与报婚书差不多，属于正式订立婚约。

婚书不仅是婚礼中的重要内容，而且是双方婚姻关系的主要依据，得到政府法律的承认。婚书一旦送出，便要严格履行，不能反悔，更不能再与他人订约或成婚，否则即被视为违法。唐律规定：诸许嫁女，已报婚书及有私约（谓先知夫身老、幼、疾、残等），或已受聘财而又反悔的，杖六十，婚仍如约。若更许他人，杖一百；已成者，徒一年半，女追归前夫。前夫不娶的，女方退还聘财，同后夫的婚姻才算有效。唐以后各朝，也有类似的规定。

唐代亲迎之礼十分别致。出门前，新娘须梳妆打扮，并迟迟不出。于是男方前往催妆，并咏唱催妆诗，或由傧相代劳，或由新郎自为之。唐顺宗之女云安公主下嫁刘士泾，群臣推举陆畅为傧相，畅曾奉献宗诏作催妆诗两首，题名为《云安公主下降奉诏作催妆诗》，诗云："云安公主贵，出嫁王侯家。天母亲调粉，日兄怜踢花。""催铺百子帐，待障七香车。借问妆成未，东方欲晓霞。"（《全唐诗》卷四七八）此外还有卢储的《催妆》"昔年将去玉京游，第一仙人许状头。今日幸为秦晋会，早教鸾凤下妆楼"，民间也有深夜作催妆诗的习俗。明人吕坤《四礼疑》中云："催妆，告亲迎也。"唐朝时段成式在《酉阳杂俎》里曾有这样的记载："北方（朝）婚礼，必用青布幔为崖，谓之青庐。于此交拜。迎新妇，夫家百余人挟车（至女家），俱呼曰：'新妇子，催出来!'其声不绝，（至新妇）

登车乃止。今之催妆，是也。"可见，催妆是对北朝习俗的继承。司马光《资治通鉴》云"唐人成婚之夕，有催妆诗"。清人袁枚《随园诗话》亦云"北齐婚礼，设青庐，夫家领百余人，挟车子，呼新妇，催出来。唐因之，有催妆诗"。至宋代更有催妆词出现，如王昂《好事近（催妆词）》："喜气拥朱门，光动绮罗香陌。行到紫薇花下，悟身非凡客。不须脂粉涴天真，嫌怕太红白。留取黛眉浅处，画章台春色。"

新娘登上喜车启程，路上众人阻拦，索要酒食，使得喜车不能前行，称为"障车"。陈鹏《中国婚姻史稿·婚礼》说："障车之俗，盛于唐代，盖新妇车至中途，游人拥为戏乐，且邀酒食也。自天子嫁女，至庶民纳妇，莫不皆有障车。"唐代封演的《封氏闻见记》说："近代婚嫁，有障车、下婿、却扇及观花烛之事，又有卜地、安帐、并拜堂之礼，上自皇室，下至士庶，莫不皆然。"当时世风奢华，以障车婚俗繁盛为最，因而招来有识之士的弹劾。《新唐书·唐绍传》记载，唐绍上谏中宗说："昏家盛设障车，拥道为戏乐，邀货捐资动万计，甚伤化紊礼，不可示天下。"睿宗时，障车之风转盛，"上及王公，乃广奏音乐，多集徒侣，遮拥道路，留滞淹时，邀致财物，动逾万计"。睿宗曾下诏严禁，但终唐之世，这种风俗一直都在流行（《唐会要》卷八十三等）。障车婚俗勒索财物，给一些贪官可乘之机。他们打着障车的幌子，无耻地勒索财物。唐代张鷟《朝野佥载》卷三记载："安南都护崔玄信命女婿裴惟岳摄受州刺史，贪暴，取金银财物向万贯。有首领取妇，裴郎要障车，索绫一千疋，得八百疋，仍不肯放。捉新妇归，戏之，三日乃放还，首领更不复纳。裴即领物至扬州。安南及问至，擒之，物并纳官，裴亦锁项至安南，以谢百姓。及海口，会赦而免。"障车婚俗发展到后来，变化成为一种社会陋习，成为滋生一些不法犯罪活动的温床，严重扰乱地方治安。唐代开元年间，民间就发生了一起为躲避障车婚俗而引发的血案。《太平广记》卷四九四载："开元二十九年二月，修武县人嫁女，婿家迎妇车随之。女之父惧村人之障车也，借俊马令乘之。女之弟乘驴，从在车后百步外行。忽有二人出于草中，一人牵马，一人自后驱之走。其弟追之不及，遂白其父。父与亲眷寻之一夕，不能得，去。女家一舍村中有小学，时夜学，生徒多宿。凌晨启门，门外有妇人裸形断舌，阴中血皆淋漓。生问之，女启齿流血，不能言。生告其师，师出户观之，集诸生谓曰：'吾闻夫子曰："木石之怪夔魍魉，水之怪龙罔象，土之怪坟羊。"吾此居近太行，怪物所生也。将非山精野魅乎？盍击之。'于是投以砖石。女既断舌不能言，诸生击之，竟死。及明，乃非魅也。俄而，女家寻求，至而见之，乃执儒及弟子诣县。县丞卢峰讯之，实杀焉，乃白于郡，答儒生及弟子死者三人，而劫竟不得。"

喜车来到男家，入门要"跨马鞍"。预先把马鞍放在门槛上，让新娘跨过，以表示夫妇安稳同载，白头偕老。这是受了北方鲜卑族习俗的影响。

新郎、新娘入室对拜，然后坐在床上，女左男右，一大群妇女就开始撒金钱彩果，叫做"撒帐"。宾客不论长幼，争拾钱果，相为戏谑。中宗景龙年间，荆山公主下嫁，中宗特别铸了一批梅花形，重六铢，文曰"长命守富贵"的"撒帐钱"。他还"敕近臣及修文馆学士拾钱。其银钱则散贮绢中，金钱每十文即系一彩条"（宋洪遵《泉志》卷十五）。"撒帐"之后，是"合髻"的仪式，新郎、新娘各自剪下一绺头发，绾在一起，作为信物。"合髻"之后，是共牢合卺的仪式。这时已出现了同牢盘和合卺杯。第二天新娘拜见公婆后，整个婚礼就结束了。

清代赵翼《陔余丛考》完整地记录了撒帐仪式的源流："《知新录》云：汉京房之女，适翼奉之子，房以其日三煞在门，犯之损尊长。奉以为不然，以麻豆谷米禳之，则三煞可避。自是以来，凡新人进房，以麻米撒之。后世撒帐之俗起于此。按此说非也。撒帐实始于汉武帝。李夫人初至，帝迎入帐中，预戒宫人遥撒五色同心花果，帝与夫人以衣裾盛之，云多得子孙也，事见《戊辰杂抄》。唐中宗嫁睿宗公主，铸撒帐钱重六铢，文曰'长命守富贵'，每十文系一彩缘。"两宋及明清时也有撒帐婚仪，如《东京梦华录》记此俗说："男倒行出，面该相向，至家庙前参拜毕，女复倒行扶入房讲拜，男女各争先后，对拜毕就床，女向左，男向右坐，妇女以金钱彩果散掷，谓之'撒帐'。"《清平山堂话本·快嘴李翠莲记》中还有一曲《撒帐歌》："撒帐东，帘幕深围烛影红，佳气郁葱长不散，画堂日日是春风。撒帐西，锦带流苏四角垂，揭开便见姮娥面，输却仙郎捉带枝。撒帐南，好合情怀乐且耽，凉月好风庭户爽，双双乡带佩宜男。撒帐北，津津一点眉间色，芙蓉帐暖度春宵，月娥苦邀蟾宫客。撒帐上，交颈鸳鸯成两两，从今好梦叶维熊，行见珠蟥来入掌。撒帐中，一双月里玉芙蓉，恍若今宵遇神女，戏云簇拥下巫峰。撒帐下，见说黄金光照社，今宵吉梦便相随，来岁生男定声价。撒帐前，沉沉非雾亦非烟，香里金虹相隐快，文箫金遇彩鸾仙。撒帐后，夫妇和谐长保守，从来夫唱妇相随，莫作河东狮子吼。"

到了宋代，婚娶仍以"六礼"为依归。但对于广大平民百姓，则因其程序烦冗，时加省略。据《宋史·礼志》载，士庶人婚礼，并问名于纳采，并请期于纳征。"六礼"变成了纳采、纳吉、纳征、亲迎四礼。朱熹《家礼》又删去纳吉，仅剩三礼。明清时期基本上遵依《家礼》。

宋代的婚礼是非常隆重的，其中尤以亲迎为著。据宋代孟元老《东京梦华录》、吴自牧《梦粱录》等，迎亲前一天或当天早上，男方要到女家催妆，送去些冠帔、花粉一类的东西，供新娘化妆打扮。女方也要提前一天来男家装点洞房，悬挂帐幔，铺设被褥，称为"铺房"。迎亲那天，男方率引车子或花担子前往女家。花担子就是后来所说的花轿。女方负责招待宾客，送给他们彩缎，作乐催妆，让新娘上车或上轿。新娘上了轿车，轿夫、车夫们却不肯行动，坚持讨价还价，称为"起担子"，待要求满足方才动身。车轿到了男家，又有人拦着不让进门，吵着要吉利钱或其他物品，称为"拦门"。这与唐代的"障车"非常相似。新娘走下车轿后，还有"撒谷豆"的习俗，就是新娘快进门的时候，旁人拿着斗，盛上谷物、豆子、草节以及金钱、果子，咒祝一番，然后望门而撒，小孩们争相拾捡，据说是为了赶走守在门口的青羊等煞神，以求得吉利和太平。新娘"跨马鞍"后，走进当中悬挂帐幔的室内，称为"坐虚帐"；或者径入房中，坐于床上，称为"坐富贵"。送新娘来的女家宾客喝过三杯酒后匆匆离去，叫做"走送"。留下的宾客喝过三杯酒后，在中堂摆设床榻，上置椅子，称为"高坐"，新郎依次请媒人等上座饮酒。

接下来，新郎到床前请新娘出来"牵巾"，两家各出彩缎，绾成象征恩爱的同心结，男女各执一头、相向相牵而同行，先到家庙参拜祖先，然后回房。对拜结束，先是"撒帐"，再是"合髻"，然后拿出两只酒杯，用彩线连在一起，男女相互传饮，称为"交杯酒"。这一形式是由以前的合卺演变而来的。饮酒以后，将酒杯掷地，如果酒杯一仰一合，便认为是大吉，宾客对此表示祝贺。新郎答谢宾客，宾客重新入座，饮食尽兴后离去。第二天五更，"新妇拜堂"，即向置有镜台、镜子的桌子展拜，然后再拜见公婆和其他尊长亲戚，结束婚礼。

说宋朝婚礼，不能不提与它并存的辽朝和金朝的婚姻礼仪。辽（契丹）、金（女真）都是北方的少数民族，保留着许多较为原始的习俗。《辽史·礼志》曾记载了辽朝皇帝迎娶皇后的仪式。仪式由负责皇族政教的惕隐主持。"惕隐率皇族奉迎，再拜。皇后车至便殿东南七十步止，惕隐夫人请降车。负银罂，捧腾，履黄道行。后一人张羔裘若袭之，前一妇人捧镜却行。置鞍于道，后过其上。乃诣神主室三拜，南北向各一拜，醻酒"。随后还有"拜奥"之礼。奥，指房宅的西南角。"俟皇帝即御坐，选皇族尊者一人当奥坐，主婚礼"。"后族之长及送后者向当奥者三拜"。"当奥者与媒者行酒三周，命送后者再拜，皆坐，终宴"。另外，"契丹故俗，凡婚燕之礼，推女子之可尊敬者坐于奥，谓之奥姑"（《辽史·公主表》）。

金人的婚姻礼仪更是别具风采。宇文懋昭《大金国志》记载，男方行纳币之礼，新郎要先到女家行拜门之礼，拜见新娘的父母，其亲属也要陪同前往。所带的酒食，少者十余车，多者达百余车，用以招待宾客。饮食过后，女家的人不论大小都坐在炕上，新郎则罗拜其下，称为"男下女"。行礼完毕，新郎牵来马百匹，少的也得十匹，交给新娘的父亲。新娘的父亲找人挑选，留下其中精良的，有十之二三。假若都不中选，即使新郎的坐骑，也得留下充数。女家以留马少为羞耻之事，而且还要根据马的数量来决定如何对待男方。当时新郎皆须行亲迎之礼，但"既成婚，留于妇家，执仆隶役，虽行酒进食，皆躬亲之"。三年之后，他才能和妻子一块回家。离开时，女方家长要给他们一些嫁资，一般是奴婢数十户，牛马数十群，每群九牝一牡。

金人中的贫穷之家，女儿到了婚嫁年龄，便在路上边走边唱，说明自己的家世、手艺及容貌，以申求侣之意。如果有的男子听后觉得合适，便把这女子领回家中，然后带上礼物，和她一起到女家，告诉她的父母，结为夫妻。由于同汉族频繁交往，辽、金人的婚姻礼仪后来也发生了一些变化。

宋代婚姻礼仪对后世影响很大，许多内容保留至明清时代，即使现在也还行之于某些地区。譬如"铺房"习俗。北宋以后，以"铺房"为名的婚俗依然存在。记述南宋都城临安风情甚为详尽的《梦粱录》，其二十"嫁娶"云："（婚礼）前一日，女家先往男家'铺房'：挂帐幔，铺设房奁器具，珠宝首饰动用等物。以至亲压'铺房'，备礼前来'暖房'。又以亲信妇人，与从嫁女使，看守房中，不令外人入房，须待新人，方敢纵步往来。"司马光《温公书仪》对铺房风俗也有论述，不过是持批评态度的："亲迎前一日，女氏使人张陈其婿之室，俗谓之'铺房'，古虽无之，然今世俗所用，不可废也。床榻、荐席、椅床之类，婿家当具之；毡褥、帐幔、衾绸之类，女家当具之。所张陈者，但毡褥、帐幔、帐幕之类应用之物，其衣服袜履等不用者，皆锁之箧笥，世俗尽陈之，欲矜夸富多，此乃婢妾小人之态，不足为也。"

从周代开始，人们对婚姻节令，也作了大致规定。嫁娶一般选在秋末至初春进行。《荀子·大略》说"霜降逆女，冰泮杀止"，就是说从霜降之时开始，可以迎娶新娘，到河冰融化的时候停下来。《孔子家语·本命解》亦云："霜降而妇功成，嫁娶者行焉。冰泮而农桑起，婚礼而杀于此。"董仲舒《春秋繁露·循天之道》亦有此说。《公羊传》宣公十五年何休注和《汉书·食货志》都曾提到，农夫开春即散处田野，从事耕作，秋收后集中居住于村落之中。这时才有可能办理婚姻嫁娶。所以，《诗经·邶风·匏有苦叶》说："士如归妻，迨冰未泮。"姚际恒《诗经通论》说："古人行嫁娶必于秋冬农隙之际，故云'迨冰未泮'。"再如《周南·关雎》言："参差荇菜，左右芼之。窈窕淑女，钟鼓乐之。"诗中这对男女的结婚季节，正是荇菜成熟的秋天。另外"六礼"中屡以雁为礼物，而雁恰恰是秋天才来的候鸟。

不过，也有人根据《周礼·地官·媒氏》"中春之月，令会男女"的说法，认为阴历二月是婚姻节令。实际上，把中春之月看作一年中婚姻的尾期，或者说最后时限，意见就可以统一起来了。政府是以法令手段来督促人们赶紧嫁娶，以免影响春耕生产。《左传》中，周天子恪守节令，迎娶王后都是选在冬天和初春进行。又如，齐桓公迎娶共姬是在冬天，鲁伯姬出嫁宋国是在二月，正符合节令。

当然，不遵守上述婚姻节令的也大有人在。根据《左传》，鲁桓公娶齐女文姜，是七月派人迎接，九月回国。鲁文公娶齐女出姜，是在夏天完婚。晋平公续娶齐女，是五月间派人迎亲。后来，随着经济文化的发展，人们逐渐打破固定节令，婚娶可以安排在一年中的任何时间。

八 "七出"与婚姻限制的产生

男女离婚，周代称为"绝婚"。就女子来讲，她本以夫家为家，离婚就叫做"出"。《春秋穀梁传》成公五年说："妇人之义嫁曰归，反曰来归。"像《春秋》宣公十六年的"郯伯姬来归"，成公五年的"杞叔姬来归"，都是指被出而遣回娘家。对于他人姊妹被出，则仅称"归"或"大归"。如《左传》文公十八年："夫人姜氏归于齐，大归也。""离婚"一词，最早出现于南北朝时期（见《世说新语·贤媛》、《宋书·后妃传》），唐宋时期即已普遍使用。但律令中一般以"离"、"离之"等语指离婚。后来民间对于出妻，不说"出"而说"休"，故而出妻称为"休妻"，出妻的文书也称为"休书"。

为了使丈夫出妻合法化，周代出现了"七出"，也称"七去"、"七弃"，即强行与妻子离婚的七种理由。据《大戴礼记·本命》和刘向《列女传·贤明·宋鲍女宗》等，"七出"的内容包括不顺父母、无子、淫、妒、恶疾、多盲、窃盗。作为妻子，若犯有其中的一条，就有可能被丈夫赶出家门，而且不必经官府判决，只要作成文书，由双方父母和见证人签名，即可解除婚姻关系。武则天时期，李大亮的族孙迥秀，"母少贱，妻尝詈媵婢，母闻不乐，迥秀即出其妻"。有人问他为什么要离异妻子，他理直气壮地说："娶妇要欲事姑，苟违颜色，何可留！"（《新唐书·李大亮传》）仅因妻子无意中训斥媵婢，引起出身低微的母亲的不满，便将妻子赶出家门，这反映出在唐代，丈夫依"不事舅姑"之规定弃妻，具有很大的随意性。

其实在周代，人们出妻已经超出了"七出"的范围。孔子弟子曾参因为妻子饭烧得不熟，就把妻子休掉了。鲁相公仪休，见家中织布好而夺民利，便出其妻。另外，有时出妻并不是出于丈夫的意思，而是出于父母的好恶。《礼记·内则》提道："子甚宜其妻，父母不悦，出。子不宜其妻，父母曰：'是善事我，子行夫妇之礼焉。'没身不衰。"而且"七出"中不顺父母一条，便包含着由他们决定去留的意思。乐府民歌《孔雀东南飞》中，焦仲卿和刘兰芝的婚姻悲剧，就是由仲卿母将兰芝遣回娘家造成的。南宋大诗人陆游的前妻唐婉，也是因得不到婆母的喜欢，才被迫离婚的。在那个时代，尽管夫妻关系融洽，但是父母不喜欢，妻子还得被休弃。唐代诗人王建所作《新嫁娘》一诗："三日入厨下，洗手作羹汤。未谙姑食性，先遣小姑尝。"这体现了新娘内心充满了对公公、婆婆的敬畏。

"七出"的目的是强化封建宗法制度，巩固家长制的夫权。同时为了防止社会秩序的混乱，维护家族的相对稳定，又需要对男子的离婚决定权加以制约。于是，周代又出现了"三不去"（或称"三不出"）的规定，即在三种情况下，妻子可以不去。据《大戴礼记·本命》，丈夫在婚前曾靠女方供养，或者结婚时妻子将财产带给了丈夫，而妻子离去又无家可归的，可以不去；妻子与丈夫一同服过三年之丧，对父母有大孝行为的，可以不去；娶时丈夫贫贱，婚后富贵了的，妻子可以不去。《公羊传》庄公二十七年何休注也有类似的说法，并把"三不去"的目的分别解释为"不忘恩"、"不背德"、"不穷穷"。后世所谓"贫贱之知不可忘，糟糠之妻不下堂"（《后汉书·宋弘传》），所谓"古人虽弃妇，弃妇有归处"（唐顾况《弃妇词》），都是根据这个意思说的。妻子占有"三不去"中的一条，虽犯"七出"，丈夫也不能强制离婚。顾颉刚曾说"得景娶妻三年，无子，舅姑将出之。诉云：归无所从。承家不嗣，礼许仳离；去室无归，义难弃背。景将崇继代，是用娶妻；百两有行，既启飞凤之兆；三年无子，遂操别鹄之音。将去舅姑，终鲜亲族。虽配无生育，诚合比于断弦；而归靡适从，庶可同于束蕴。困难效于牧子，宜自哀于邓攸。无抑有辞，请从不去"。判文虽依礼认为无子可出妻，"承家不嗣，礼许仳离"，但同时又依现实情义确认"去室无归，义难弃背"。判文最后还是依照法律规定，对这位敢于寻求法律保护的妇女给予了法律上的支持，"无抑有辞，请从不去"。另外，古代对再三出妻的人也有所不满。《管子·小匡》说："士三出妻，逐之境外。"

　　周代"七出"和"三不去"的规定，对后世的婚姻生活也产生了巨大影响。曹植的《出妇赋》生动地刻画了一位被出妇女的形象："以才薄之陋质，奉君子之清尘。承颜色以接意，恐疏贱而不亲。悦新婚而忘妾，哀爱惠之中零。遂摧颓而失望，退幽屏于下庭。痛一旦而见弃，心忉忉以悲惊。衣入门之初服，背床室而出征。攀仆御而登车，左右悲而失声。嗟冤结而无诉，乃愁苦以长穷。恨无愆而见弃，悼君施之不终。"赋中揭露了"君子"的喜新厌旧、忘恩负义的本质。尽管她"承颜色而接意，恐疏贱而不亲"，百般小心，谨慎事奉，唯恐有失，受到"疏贱"，但"君子"还是"悦新婚而忘妾"，"爱惠中零"，将她抛弃。她虽然"恨无愆而见弃"，但依然无可奈何，"冤结而无诉"。这证明汉、魏重视"七出"，或著于律令。唐律更明确规定："诸妻无七出及义绝之状，而出之者，徒一年半；虽犯七出有三不去而出之者杖一百。追还合。若犯恶疾及奸者不用此律。"唐代诗人张籍在《离妇》一诗中，也对民间无子出妻的规定做了生动的描述："十载来夫家，闺门无瑕疵。薄命不生子，古制有分离。托身言同穴，今日事乖违。念君终弃捐，谁能强在兹。堂上谢姑嫜，长跪请离辞。姑嫜见我往，将决复沉疑。与我古时钏，留我嫁时衣。高堂拊我身，哭我于路陲。昔日初为妇，当君贫贱时。昼夜常纺绩，不得事蛾眉。辛勤积黄金，济君寒与饥。洛阳买大宅，邯郸买侍儿。夫婿乘龙马，出入有光仪。将为富家妇，永为子孙资。谁谓出君门，一身上车归。有子未必荣，无子坐生悲。为人莫作女，作女实难为。"这位来夫家仅十余年，洁身自好，"闺门无瑕疵"，勤俭持家，"昼夜常纺绩"，"不得事蛾眉"，"辛勤积黄金，济君寒与饥"，助君脱贫致富，"夫婿乘龙马，出入有光仪"，善良勤劳的女子，并没有因为法律已有关于无子出妻的种种限制而逃脱礼之"七出"的压迫，依旧成为传统礼教的牺牲品。《元典章》休弃门亦有"七出"、"三不去"的记载，只有犯奸者不受"三不去"的保障。明、清律沿袭了《元典章》的规定。如明朝中后期规定："非大故及舅姑之命陈于官不得出其妻。"（谢肇淛《五杂俎》卷八）《大明律·户律三·婚姻》中的"出妻条"明确规定："凡妻无应出及义绝之状而出之者杖八十。虽犯七出有三不去而出之者减二等追还完聚。"这其中的"三不去"指的是："与更三年丧；前贫贱后富贵；有所娶无所归。"很显然，这"三不去"是对男方离婚权的一种限制，男子无故休妻或者违反"三不出"原则都是要承担法律责任的。这种法律层面的调适，是对女性地位提高的认可，进一步保障了妇女的权利。当然，实际上，两千多年来，男子们并没有局限于"七出"来处理与妻子的关系，因日后富贵、妻子衰老等而强行离婚的现象一直存在。同时，女子们也没有因"三不去"的规定而摆脱掉时时都可能被遗弃的命运。白居易的《母别子——刺新间旧》写武人立功后弃旧迎新的故事，叙写了弃妇与亲子相别的惨境。诗中说："母别子，子别母，白日无光哭声苦。关西骠骑大将军，去年破虏新策勋。敕赐金钱二百万，洛阳迎得如花人。新人迎来旧人弃，掌上莲花眼中刺。

迎新弃旧未足悲，悲在君家留两儿。一始扶行一始坐，坐啼行哭牵人衣。以汝夫妇新燕婉，使我母子生别闻。不如林中鸟与鹊，母不失雏雄伴雌。应似园中桃李树，花落随风子在枝。新人新人听我语，洛阳无限红楼女，但愿将军重立功，更有新人胜于汝！"

当然，我们也应看到，在古代特别是在宋以前，女子还是可以主动提出离婚的，并且有可能达到目的。春秋时齐相晏婴的车夫不求上进，骄傲自满，其妻便提出离婚（《史记·管晏列传》）。战国时孟子娶妻，见她在卧室内袒胸露背，很不高兴，连门也没进。其妻便以"妇人之义，盖不客宿"为由，向孟母告辞，请求离去（《列女传·母仪·邹孟轲母》）。此外还有西汉朱买臣妻嫌买臣贫穷而求去等（《汉书·朱买臣传》）。魏晋隋唐时期妻子主动要求和丈夫离婚的例子就更多了。然而在一般情况下，往往是丈夫有出妻之理，妻子无去夫之道。女子要求离婚，会被人们指斥为污辱乡闾，败伤风俗。她们既不得向丈夫提出离婚，只有逃之而去，这样更被认为是心乖唱和，意在分离，背夫擅行，是一种堕落行为，比起丈夫无故出妻，罪行要重得多。唐律规定，"妻妾擅去者徒二年，因而改嫁者加二等"。只有"相嗔暂去，不同此罪"（《疏议》）。后世也有这方面的法律规定，除了遭受刑罚，逃亡女子甚至要"从夫嫁卖"、"听夫离异"。女子本以离婚不成而逃去，其结果反变为丈夫卖妻、出妻的借口。只有在丈夫逃亡的情况下，妻子才得以离去，但仍要经官府认可。

男女双方自愿离异的"和离",即协议离婚,也早已出现。《周礼·地官·媒氏》"娶判妻……皆书之",宋郑锷注云:"民有夫妻反目,至于仳离,已判而去,书之于版,记其离合之由也。"可见当时不管原因如何,只要双方同意,就可以离婚。后世对此从法律上予以承认。唐律规定:"若夫妻不相安谐而和离者,不坐。"宋、元、明、清的法律也有同样的规定。但在夫权统治下,妻子深受压抑,提出离婚,丈夫往往不同意,这时"和离"的规定几乎只是一纸具文。此外,妻子虽合"七出"之条,但夫家为避免出丑,引起社会的责难,常以"和离"方式将其休弃,因此"和离"又成了出妻的别名。

古代还有一种强制离婚的方式,这就是"义绝"。据《唐律疏议》,"义绝"的内容,一是丈夫殴打妻子的祖父母、父母和杀害妻子的外祖父母、伯叔父母、兄弟、姑母、姊妹;二是夫妻双方的祖父母、父母、外祖父母、伯叔父母、兄弟、姑母、姊妹互相残杀;三是妻子打骂丈夫的祖父母、父母和杀伤丈夫的外祖父母、伯叔父母、兄弟、姑母、姊妹;四是妻子同丈夫五服之内的亲戚或丈夫同岳母有奸情;五是妻子图谋害死丈夫。夫妻原为义合,犯了上述罪行,恩义断绝,双方应该离异,所以称为"义绝"。经官府判断,认为一方犯了"义绝"的,法律即强制离婚,并处罚不肯离异者。唐律规定:"诸犯义绝者离之,违者,徒一年。"宋律一依唐律。元以后的法律规定,除了刑度之外,也与唐律相同。"义绝"诸条具有明显的男女不平等倾向，其中妻子所承担的责任特重，如只提妻子图谋害死丈夫，而对丈夫想要加害妻子则未曾提及。后世又有将"义绝"内容扩大的趋势。

封建政权及其法律除了对犯有"义绝"者强制离婚外，又对社会的婚姻生活提出了各种各样的限制。周代曾规定，有五种女子不得婚娶。《大戴礼记·本命》说："女有五不取：逆家子不取，乱家子不取，世有刑人不取，世有恶疾不取，丧妇长子不取。逆家子者，为其逆德也；乱家子者，为其乱人伦也；世有刑人者，为其弃于人也；世有恶疾者，为其弃于天也；丧妇长子者，为其无所受命也。"可以看出，这些限制，有的是出于保证身体健康的考虑，更多的则是为了保持宗法制度的稳固。随着社会文化的发展，婚姻限制日臻完备。

限制的内容，大致包括以下十数条：

同姓不婚　先秦时期，姓和氏是两个不同的概念。姓起源于母系氏族时代，用以表示母系血统；氏是姓的分支，用来区别同姓内部的宗族系统。按照氏族外婚制，同一血统的男女之间就不得通婚。但由于受母权制的影响，直到商代，人们并不重视外婚制，更谈不上同姓不婚。在卜辞中，女子的称号不用姓，而名则与男子同用于支。随着母权制影响的日趋减弱，族外婚的进一步发展，出现了同姓不婚的制度。古人有言："夏殷不嫌一姓之婚，周制始绝同姓之娶。"（《魏书·孝文帝纪》）"夏殷五世之后则通婚姻，周公制礼，百世不通，所以别于禽兽也。"（《太平御览·礼仪部二

十》引《礼记外传》)

　　周王朝实行的同姓不婚制度，早在先周时期就开始了。周文王的祖父古公亶父（太王）娶于姜姓，称太姜；文王的父亲季历（王季）娶于任姓，称太任；文王娶于姒姓，称太姒；武王娶的是太公望之女，是姜姓，称邑姜。武王灭商后，同姓不婚制度普遍推行开来。武王除分封同姓诸侯外，还分封了一批异姓诸侯，如姜姓的齐、妫姓的陈、姒姓的杞、子姓的宋等。后来又有芈姓的楚和嬴姓的秦兴起。周天子及各诸侯国君，基本上就是在这些国家之间异姓通婚。周人婚姻注重"男女辨姓"，不但娶妻不娶同姓，纳妾也不纳同姓，所以"买妾不知其姓则卜之"（《礼记·曲礼上》)。然而周代特别是春秋时期，同姓婚配的现象仍十分严重。如齐崔杼娶同姓的棠姜为妻，晋平公纳同姓的卫姬四人，鲁昭公娶于同姓的吴国。

　　战国之后，以氏为姓，汉代以降，姓氏合一，而且由于功臣赐姓、义子袭姓、避仇改姓及少数民族更从汉姓，日益失去其血缘关系的因素，同姓非即同祖，未必都出自一个血统。唐代以前对同姓为婚多有不禁。从唐代开始，对同姓不婚在法律上做了明确规定。唐律说："诸同姓为婚者，各徒二年。"婚姻关系也要解除。但这里的同姓实际是指同姓共宗者。宋、元与唐同。明、清律将同姓与同宗区分开，并禁止其通婚。这虽在表面上合于周代"百世不通"的旧制，然而姓早已失去在周代的意义，不准其通婚是不合理的。清末只禁止同宗婚配，而不禁止同姓婚配，趋于合理。

周代同姓不婚不仅是氏族外婚制发展的结果，而且是人类对同姓婚配会造成后代畸形和不育有了较明确认识的产物。《国语·郑语》记史伯言："和实生物，同则不继。"《左传》僖公二十三年讲道："男女同姓，其生不蕃。"《国语·晋语》更有甚言："同姓不婚，惧不殖也。"宣公九年石癸也说："吾闻姬、姞耦，其子孙必蕃。"我们也应看到，同姓不婚制度从一开始就是为了维护以男权为中心的宗族利益，另外同姓不婚只看父系，不看母系，从本质上讲，仍避免不了近亲婚配的可能。尽管如此，同姓不婚对于人类自身的不断发展，对于中华民族的健康繁衍，都曾起过极为重要的作用。事实上，各别还有同姓为婚者，如吕后妹嫁给吕平，王咸之女妻于王莽。

宗妻不婚　宗亲的妻妾虽为异姓，然而按照礼制是不能婚配的。尽管收继婚的遗风一直存在，但是除了元朝，历朝都明令禁止收继婚，不仅收继弟媳、寡嫂为非道，而且娶同族的寡妇亦非正当。唐律规定："诸尝为祖免亲之妻而嫁娶者，各杖一百；缌麻及舅甥妻，徒一年；小功以上，以奸论。妾，各减二等。并离之。"（高祖亲兄弟，曾祖堂兄弟，祖再从兄弟，父三从兄弟，自身四从兄弟、三从侄、再从侄等，属于祖免亲。缌麻，谓高祖父、曾伯叔祖父、族伯叔父、族兄弟等亲属。小功以上亲属，指曾祖父、伯叔祖父、堂伯叔父、兄弟、从堂兄弟及外祖父、母舅等）元以收继为俗，故于宗妻婚姻不禁，但是后来弟可收寡嫂，兄则不能收弟媳。明、清律除对收继婚严加禁止外，又规定凡娶同宗无服亲之妻，各杖一百，妾则减等，并离异。

尊卑不婚 外亲中辈行不同，但唐以前外亲尊卑为婚的现象时有发生。周代的媵妾婚俗，汉代的重亲，都是典型的尊卑为婚。唐代开始加以禁止。唐律规定："若外姻有服属而尊卑共为婚姻，及娶同母异父姊妹，若妻前夫之女者，亦各以奸论。"有些虽无服制关系但仍据身为尊或者其他缘故，仍不得为婚。唐律说："其父母之姑舅、两姨姊妹，及姨、若堂姨，母之姑、堂姑，己之堂姨及再从姨，堂外甥女，女婿姊妹，并不得为婚姻，违者各杖一百，并离之。"《宋刑统》沿袭了尊卑不婚之禁，但尊卑为婚屡禁不绝，且皇族内部尊卑为婚时有发生。为禁止皇族内部尊卑为婚，仁宗庆历二年曾诏大宗正司："自今皇亲婚姻，具依律令外，若父母亲姊妹及父亲姑为妯娌，或相与为妇姑行，而尊卑差互者，不得为婚姻；其服纪疏远而房分不同祖者，并许通嫁娶，仍不系夫之少长，各叙本族之尊卑。"（《续资治通鉴长编》卷一三七）明、清律基本上承袭了唐律的规定。

中表不婚 与外亲中的平辈成婚，各朝法律往往不禁。特别是姑舅表亲婚，在古代婚姻发展史上占有非常重要的地位，其例遍见于载籍。民间大多信奉"亲上加亲"的观念，致使中表婚在民间广为流传，帝王皇室中也常有中表为婚的事例。如汉武帝娶其姑长公主之女陈氏为后；唐长乐公主为长孙皇后所生，下嫁其母之侄长孙冲等。但中表关系实际是一相近的旁系血亲，中表为婚对人类自身生产危害很大。到宋代，开始对此有"各杖一百，并离之"的处罚规定，明、清律中也有类似的条文。然而习积已久，难以更易，于是明、清律都附有"姑舅两姨姊妹为婚者，听从民便"的说明。土家族、布依族、傈僳族、瑶族、壮族等都有表亲婚的习俗。姑家的女儿必须嫁给舅家的儿子，舅家有优先娶外甥女的权利。土家族的俗语说："姑妈女，顺手娶；舅舅要，隔河叫。"布依族若姑之女不同意，女家要向舅家交纳"舅爷钱"。某些壮族地区至今还流传着"除了青岗无好柴，除了郎舅无好亲"的说法。

异父同母兄弟姊妹不婚　这些人属于至亲，因而不能成婚，唐、明、清各律对此有明确规定。金朝在天会八年（1130）亦禁止继父继母的儿女相互嫁娶（《金史·太宗纪》）。明朝也于正统十二年（1447）禁止异母异父兄弟姊妹通婚（《明史·刑法志》）。但在清律中，前夫子女与后夫子女异母异父者，若从尊长主婚，则无须一概拟离。

官民不婚　在任官员不能同自己管辖地区内的女子为婚，意在防止其强娶。汉代律令曾禁奸部民妻，唐代开始有了明确规定。唐律说："诸监临之官娶所监临女为妾者，杖一百；若为亲戚娶者，亦如之。其在官非监临者，减一等。女家不坐。"宋代律令也有与此相同的条文，明、清时又将妻列入，凡府州县亲民官任内娶部民妇女为妻妾者，杖八十。此外，一般官吏与娼妓结婚，也遭到禁止。在元代，"诸职官娶娼为妻者，笞五十七，解职，离之"。明、清律也规定："文武官吏娶乐人妓者杖六十，离异归宗，财礼入官。"

良贱不婚　良贱为婚在汉代比较常见，许多后妃都出身于卑贱的庶民家庭。北魏开始加以禁止。魏文成帝曾下诏："皇族、师傅、王公侯伯及士民之家，不得与百工、伎巧、卑姓为婚，犯者加罪。"（《魏书·文成帝纪》）唐律规定："诸与奴娶良人女为妻者，徒一年半；女家减一等。离之。其奴自娶者，亦如之。……即妾以奴婢为良人，而与良人为夫妻者，徒二年。各还正之。"还规定："诸杂户不得与良人为婚，违者，杖一百。官户娶良人女者亦如之。良人娶官户女者加二等。即奴婢私嫁女与良人为妻妾者，准盗论；知情娶者与同罪。各还正之。"宋朝以后也都基本沿袭了唐律的规定。

僧道不婚　由于宗教信仰的缘故，僧侣、道士不得娶妻，尼姑、女冠亦不能嫁人。宋太祖于开宝五年（972）下诏："道士不得畜养妻孥，已有家室者，遣出外居止。"（宋王林《燕翼诒谋录》卷二）金于熙宗时亦诏令僧尼犯奸者并处死（《大金国志》卷十二）。在元代"诸僧道悖教娶妻者，杖六十七，离之，僧道还俗为民，聘财没官"（《元史·刑法志》）。明、清律规定："僧道娶妻妾者杖八十，还俗，女家同罪，离异；寺观住持知情，与同罪，不知者不坐。若僧道假托亲属或僮仆为名求娶，而僧道自占者，以奸论。"至于僧道犯奸，也比对一般人的处罚要重。晚明，受思想解放、个性自由思潮的影响，出现冯惟敏杂剧《僧尼共犯》。剧中写龙兴寺僧人明进与碧云庵尼姑惠朗私约幽会，被人发现抓去见官。明进佯称进城归来，恐怕犯夜，因此寻到亲戚尼姑惠朗处投宿。二人隔墙打坐，并不曾有苟且之事。知州吴守常与小吏们收了钱财，只打了几棍，便顺水推舟把他俩放了，让其还俗成亲："成就二人，是情有可矜。情法两尽，便是俺为官的大阴骘也！"名义上是将二人逐出佛门，实则成就了二人的姻缘。他们欢天喜地，跳出了佛门，脱却禅衣，蓄了头发，成了一对"拆不散，舍不得，打不开，断不离"的恩爱夫妻。

奸逃不婚 古代禁止与逃亡女子成婚。唐律规定："诸娶逃亡妇女为妻妾，知情者与同罪，至死者减一等。离之。即无夫，会恩免罪者，不离。"宋、明、清各律也有相同的条文。此种逃亡并非背夫在逃，而是妇女本人犯罪逃亡。在明律中，凡收留人家迷失子女，不送官司，自留为妻妾子孙者，杖九十，徒二年半。法律还严禁相奸为婚。唐律规定："诸和娶人妻及嫁之者，各徒二年；妾，减二等。各离之。"在元代，先通奸被断，又娶以为妻妾者，即使生了孩子，也要强制离异。明清时期，和奸刁奸者，男女同罪，奸妇从夫价卖，惟价卖与奸夫者，奸夫、本夫各杖八十，妇人离异归宗，财物入官。

仇雠不婚 《礼记·曲礼上》："父之雠，弗与共戴天。兄弟之雠，不反兵。交游之雠，不同国。"鲁与齐为雠，而鲁庄公为王姬主婚，与齐为礼，并且到齐迎女，故而大受《春秋》之贬。后世的潘杨不婚、秦岳不婚，都是仇雠不婚的表现。但也有的家庭以婚媾作为解除宿怨的工具。

居尊亲丧不得嫁娶　周代似已开始有这方面的规定。《春秋》对于丧娶多有讥刺。《礼记·内则》也说女子二十而嫁，但如果遇上父母之丧，就要二十三而嫁。汉代对居丧奸多置重典。后赵石勒曾下诏禁"国人"在丧婚居（《晋书·石勒载记》）。北齐立重罪十条，居父母丧身自嫁娶为"不孝"之目，隋、唐归于"十恶"内，并一直延续至清。唐律规定："诸居父母及夫丧而嫁娶者，徒三年；妾减三等。各离之。知而共为婚姻者，各减五等；不知者，不坐。"当时为父母及丈夫的服丧期一般是三年，但禁嫁娶的时间是二十七个月。唐律还规定："若居期丧而嫁娶者，杖一百，卑幼减二等；妾不坐。"期亲，是指穿一年丧服（关系）的血亲，像伯叔父母、姑母、兄弟、姊妹、妻子、儿女、侄儿女及高祖父、曾祖父等。宋代沿袭了这一规定。明、清律也与唐律基本相同。

居配偶丧不得嫁娶　古代居配偶丧而嫁娶，受到严格限制，其中以居夫丧而改嫁之禁最严。据《太平御览·刑法部六》引董仲舒《决狱》，某女子丈夫死后未葬，就从母命改嫁了。有人提出这个女子不得法律允许而改嫁，私为人妻，当处死刑。唐及以后各律都对居夫丧和居父母丧而改嫁的妇女严加裁制，并且列入"十恶"中"不义"条内，视为不可赦宥。古代也禁止夫居妻丧而再娶，但如何处罚，史籍中不见有明确规定。

值帝王丧不得嫁娶 古时帝王去世后，往往禁止人们嫁娶。汉文帝遗诏说："其令天下吏民，令到出临三日，皆释服。毋禁取妇嫁女祠祀饮酒食肉者。"（《史记·孝文本纪》）后世帝王多以此为准，丧葬日期都不是很久。

父母囚禁不得嫁娶 唐律规定："诸祖父母、父母被囚禁而嫁娶者，死罪徒一年半，流罪减一等，徒罪杖一百。"如果是奉祖父母、父母之命而成婚，可以不追究刑事责任，但仍不得举行宴会。

另外，个别帝王选取民间女子入后宫时，也一度禁止天下嫁娶。据《晋书·后妃传》载，泰始年间，晋武帝"博选良家以充后宫，先下书禁天下嫁娶"。吴国孙皓采择贵族女子入宫，"简阅不中，乃得出嫁"（《三国志·吴志·妃嫔传》裴松之注引《江表传》）。

九 妇女地位的一度提高

　　在甲骨文、金文中，"女"字字形是一个跪伏于地上的人，而妇字更是"从女，持帚洒扫也"（《说文》）。这反映出妇女的地位已沦为生儿育女的工具和家务劳动的奴隶。

　　但周人灭商前，妇女还有一定的地位。太王之妻太姜、王季之妻太任、文王之妻太姒和武王之妻邑姜都曾协助其夫，参与军国大事的处置，为周族的繁盛、强大并最后推翻商纣的统治，作出了重要贡献（《列女传·母仪·周室三母》）。周王朝建立后，片面地总结了商纣王宠妲己而毁国的教训，认为女人是祸水。随着宗法等级制度的确立和巩固，统治者越来越多地用道德和法律的手段限制、剥夺妇女的自由。在灭商战争中，周武王声讨商纣王罪状的头一条，就是"惟妇言是用"。他借古人之口提出："牝鸡无晨。牝鸡之晨，惟家之索。"他将妇女比作母鸡，以为母鸡不会在早晨啼叫。如果母鸡啼叫起来，这家必定萧条败落（《尚书·牧誓》）。此后周王朝几乎完全将妇女排除在政治之外，着力强调男女有别，男尊女卑。

《左传》庄公二十四年载，鲁庄公夫人哀姜自齐入鲁，庄公让同姓大夫的妻子进见，进见时以玉帛为赘（礼物）。大夫御孙加以劝止，认为当时男子进见的礼物，大的是玉帛，小的是禽鸟，用以表示等级。妇女进见的礼物，不超过榛子、栗子、枣子、干肉以表示诚敬而已。鲁庄公让妇女和男子一样用玉帛做礼物，就是没有了男女的区别，也就是乱了国家的大法。从这里我们可以看出男女间的严重不平等。

周代妇女被约束在家庭生活的小圈子里。"女正位乎内，男正位乎外"，妇女"无攸遂，在中馈"（《周易·家人卦》）。"寝门之内，妇人治其业"（《国语·鲁语下》）。"妇无公事，休其蚕织"（《诗经·大雅·瞻卬》）。广大下层妇女地位就更低了。他们可以被作为礼物来馈赠。西戎曾强盛一时，对秦构成严重威胁，秦穆公便送给他们不少歌舞女子，以图边境的安宁（《吕氏春秋·壅塞》）。她们也可以被任意买卖。越王勾践伐吴前，与士卒约定，谁不按照军令进退，谁就会被处斩，妻子也要被卖掉（《国语·吴语》）。还有的妇女被当做帝王贵族的殉葬品。《左传》昭公十三年载，楚灵王在芋尹申亥家里上吊自杀，申亥便把自己的两个女儿作为人殉，安葬了灵王。

周代中期以后，重男轻女、男尊女卑的思想意识遍及社会各阶层。《诗经·小雅·斯干》写道："乃生男子，载寝之床，载衣之裳，载弄之璋。其泣喤喤。朱芾斯皇，室家君王。乃生女子，载寝之地，载衣之裼，载弄之瓦。无非无仪，唯酒食是议，无父母诒罹！"男女间的尊卑是多么分明啊！后来《大戴礼记·本命》更明确地说："女者如也，子者孳也。女子者，言如男子之教，而长其义理者也。故谓之妇人。妇人，伏于人也。是故无专制之义，有三从之道，在家从父，适人从夫，夫死从子，无所敢自遂也。"《周礼·天官·九嫔》也向妇女提出了"妇德、妇言、妇容、妇功"的要求。郑玄说："妇德，谓贞顺；妇言，谓辞令；妇容，谓婉娩；妇功，谓丝枲。"应该指出，夫妻的"妻"，虽然用语中含有与夫齐同的意思，但只是对妾而言。如果不提及妾，"妻"与"妇"的意义相同。《礼记·丧服传》说："夫者，妻之天也。"男尊女卑的观念经过不断积淀和内化，在人们（包括妇女）的心目中业已根深蒂固。法家的代表人物韩非曾把"臣事君，子事父，妻事夫"作为治天下的规范（《韩非子·忠孝》）。

秦汉王朝建立后，推重礼法，褒彰贞节，借以实现齐肃家族、巩固政权的目的。董仲舒提出了三纲五常的学说，把妻子置于丈夫的绝对统治之下。刘向编撰《列女传》，进一步强调"妇人无擅制之义，而有三从之道"。班昭作《女诫》，明确阐述了三从之道和四德之仪，将以前零散、宽泛的束缚及压抑女性的理论系统化，更浓烈地毒害了广大妇女。妇女的地位一跌再跌。

东汉末年以后，天下大乱，思想的禁锢被打破，反映官方意志强调纲常名教的儒家经学受到冲击，高扬个体价值，主张"越名教而任自然"的玄学思想应运而生。由于民族融合，少数民族屡屡入居中原，其原始气息的犷悍风格，不重礼法的观念习俗，在当时产生了极大影响。这一切无不触动着绣楼闺阁中女性们的心扉。她们从心底发出破除礼法束缚、要求自由平等的呼声，并以实际的言语行动，在一定程度上改变了自己的地位。

称呼语是一定时代的产物，它的变化也是社会生活发生变化的反映。例如"卿"，在家庭范围内使用，汉代本是丈夫对妻子的昵称，有尊于妇、贵于妻的特定含义。但是，到了魏晋时期，不少妇女以卿称呼丈夫。据《晋书·王戎传》，西晋王戎的妻子以卿称戎，王戎不高兴地说："以卿称丈夫，于礼为不敬。往后勿要如此。"他妻子则反唇相讥："亲卿爱卿，是以卿卿。我不卿卿，谁当卿卿？"王戎只好听之任之。从夫妻间称呼语的微妙变化，我们可以看到，在一些家庭中，妇女已经一反昔日"伏于人"的状态，取得了一定程度的自主权。

对依然歧视女性的男子，她们动之以情，晓之以理，使之甘心服输，平等待己。据《世说新语·贤媛》，魏时许允妻阮氏、王公渊妻诸葛氏，都曾以似柔亦刚、不卑不亢的隽妙言辞，折服男权思想严重的丈夫，成为流传后世的美谈。"许允妇是阮卫尉女，德如妹，奇丑。交礼竟，允无复入理，家人深以为忧。会允有客至，妇令婢视之，还答曰：是桓郎。桓郎者，桓范也。妇云：无忧，桓必劝入。桓果语许云：阮家既嫁丑女与卿，故当有意，卿宜查之。许便回入内，既见妇，即欲出。妇料其此出无复入理，便捉裾停之。

许因谓曰：妇有四德，卿有其几？妇曰：新妇所乏唯容尔。然士有百行，君有几？许云：皆备。妇曰：夫百行以德为首。君好色不好德，何谓皆备？允有惭色，遂相敬重"（《世说新语·贤媛》）。许允妇靠自己的智慧赢得了丈夫和家人的尊重，提高了自己的社会地位。

魏晋南北朝时期妇女的社交活动是相当自由和公开的。东晋葛洪在《抱朴子·外篇·疾谬》中曾对当时的妇女生活有过较为详尽，同时也不无偏见的描述。他说："今俗妇女，休其蚕织之业，废其玄纮之务。不绩其麻，市也婆娑。舍中馈之事，修周旋之好。更相从诣，之适亲戚。承星举火，不已于行。多将侍从，炜烨盈路。婢使吏卒，错杂如市。寻道亵谑，可憎可恶。或宿于他门，或冒夜而返。游戏佛寺，观视畋渔。登高临水，去境庆吊。开车褰帏，周章城邑。怀觞路酌，弦歌行奏。转相高尚，习非成俗。"在传统观念相对浓重的北方地区，也有类似的现象发生。北齐颜之推在《颜氏家训·治家》中写道："邺下风俗，专以妇持门户。争讼曲直，造请逢迎，车乘填街衢，绮罗盈府寺，代子求官，为夫诉屈。"

此时私通的现象也比较多，史不乏书，如刘宋宗室刘遐，为了私通其母亲的养女，居然残害母亲。史载：刘遐为"奉朝请、员外散骑侍郎。与嫡母殷养女云敷私通，殷每禁之。殷暴病卒，未大殓，口鼻流血，疑遐潜加毒害，为有司所纠"（《宋书·宗室传》）。南齐萧昭业"矫情饰诈，阴怀鄙愿，与左右无赖群小二十许人共衣食，同卧起。妻何氏择其中美貌者与交通。

115

密就富商大贾取钱无数。既与子良同居，未得肆意。子良移西邸，昭业独住西州，每至昏夜，辄开后阁，与诸小人共至诸营署恣淫宴。凡诸不逞，皆迭加爵位，许以南面之日，便即施行，皆疏官位名号于黄笺纸与之，各各囊盛，带之肘后"（《魏书·萧道成传·附萧昭业传》）。萧昭业之妻甘愿与他人私通，其夫亦不干预。北齐尔朱兆之女小尔朱氏，"初为建明皇后。神武纳之，生任城王。未几，与赵郡公琛私通，徙于灵州，后适范阳卢景璋"（《北史·后妃传》）。小尔朱氏嫁给高欢后，产子并曾与人私通，依然还能再嫁人，可见当时确无贞洁观念可言。

同时，此时的妒妇也频频出现。南朝时，妒妇现象有了进一步的发展，如"宋世诸主，莫不严妒，太宗每疾之。湖熟令袁慆妻以妒忌赐死，使近臣虞通之撰《妒妇记》"。应该说，妒妇的出现和被撰入典籍津津乐道，反映了当时女子拥有一定的社会地位。按照名教的理论，妻子应当支持丈夫纳妾，而此时的许多妇女不能忍受妻妾同处的境遇，为了取得对丈夫的独占权，甚至不惜一切手段。如"贾公闾后妻郭氏酷妒。有男儿名黎民，生载周，充自外还，乳母抱儿在中庭，儿见充喜踊，充就乳母手中呜之。郭遥望见，谓充爱乳母，即杀之。儿悲思啼泣，不饮他乳，遂死。郭后终无子"。又"谢安深好声乐，每次妓女相随，后颇欲立妾，而其妻刘夫人戒视甚严。'兄子外甥?'答云：'周公。'夫人曰：'周公是男子相为尔，若使周姥撰诗，当无此也'"（《艺文类聚》卷三十五引虞通之

《妒记》)。刘氏为自己妒忌而作的反诘很是有力和犀利。到唐代，也屡有记载，最著名的是《朝野佥载》卷三所载故事："初，兵部尚书任瑰敕赐宫女二人，皆国色。妻妒，烂二女头发秃尽。太宗闻之，令上宫赍金壶瓶酒赐之，云：'饮之立死。瑰三品，合置姬媵。尔后不妒，不须饮；若妒，即饮之。'柳氏拜敕讫，曰：'妾与瑰结发夫妻，俱出微贱，更相辅翼，遂致荣官。瑰今多内嬖，诚不如死。'饮尽而卧，然实非酖也，至夜半睡醒。帝谓瑰曰：'其性如此，朕亦当畏之。'因诏二女令别宅安置。"任瑰之妻宁可喝毒酒，也决不允许丈夫置妾，即便是面对皇帝，也决不放弃初衷，堪为妒妇之首，当然也是维护自我的典型。

一个男子，仪表堂堂，风度翩翩，能唤起人们赏心悦目的感觉。脱俗的才情气质，漂亮的容貌举止，已经成为女性欣赏、赞美的对象。西晋时"潘岳妙有姿容，好神情。少时挟弹出洛阳道，妇人遇者，莫不连手共萦之"（《世说新语·容止》）。《晋书·王濛传》载，王濛"美姿容"，早年家中贫困。一次他的帽子破了，想到市场买一顶新的。一位上年纪的妇女很喜欢他的容貌，就送给他一顶新帽子。在大庭广众之中，许多女性，包括中下层女性，竟毫不顾忌周围的反应，向美貌异性表示好感，确实需要很大勇气。《世说新语·贤媛》还记载了这样一个故事："山公与嵇、阮一面，契若金兰。山妻韩氏，觉公与二人异于常交，问公，公曰：'我当年可以为友者，唯此二生耳。'妻曰：'负羁之妻亦亲观狐、赵，意欲窥之，可乎？'他日，二人来，妻劝公止之宿，具酒肉。夜穿墉以视之，达旦忘反。公入曰：'二人何如？'妻曰：'君才致殊不如，正当以识度相友耳。'公曰：'伊辈亦常以我度为胜。'"妇女于夜间偷看男子，不避嫌疑，本是违反礼法之事，而魏晋人却把她归于"贤媛"，还极赞韩氏的胆识及知人之能，可见彼时人见识之超拔。

清人章学诚说"晋人崇尚玄风，任情作达，丈夫则糟粕六艺，妇女亦雅尚清言。步障解围之谈，新妇参军之戏，虽大节未失，而名教荡然"。谈到魏晋女性的地位变化，我们不能不提到那使"名教荡然"的"步障解围之谈，新妇参军之戏"。世称"咏絮才"的谢道蕴，出身东晋名门，是谢安的侄女，王凝之的妻子。一次，王凝之的弟弟献之与宾客谈论玄理。道蕴发现献之将要败阵，便让女婢转告献之说："欲为小郎解围。"随后前往客厅，隔着幔帐与宾客重新论辩，致使宾客无言以对。与谢道蕴同一时期的钟琰，是王浑的妻子，生儿子王济。一次，王浑和钟琰在庭院中闲坐，王济从他们跟前经过，王浑欣然对钟琰说："生子如此，足慰人心。"钟琰却笑着说："假若让我和参军成婚，生出儿子来绝不会比王济差！"参军，是指王浑的弟弟王沦（见《晋书·列女传》）。家族宗法制度十分注重阃内阃外的治理，强调"男女授受不亲"，"女不言外"，"嫂叔不通问"。谢道蕴出谋划策为小叔子解围，钟琰当着丈夫的面以小叔子打诨，对传统道德来说，这的确是石破天惊的违礼行动。

魏晋时期对于女性才能的欣赏，同样也体现了当时女性地位的升高。《世说新语》收录了大量有关谢道蕴的事迹，她之所以名列贤媛，并非因为具有封建社会后期卫道者们所鼓吹的节烈，而是因为其超凡的才情、机智和风雅。其中有这样一则故事，说的是时人对她的雅评："谢遏绝重其姊，张玄常称其妹，欲以敌之。有济尼者，并游张、谢二家，人问其优劣，答曰：王夫人神情散朗，故有林下风气；顾家妇清心玉映，自是闺房之秀。"济尼以"林下风气"与"闺房之秀"分别形容谢道蕴和顾家妇，余嘉锡先生认为此评价"不言其优劣，而高下自见"。这反映了魏晋人对于女性的审美标准，更注重气质上的美。不言及其色如何，更关注其才若何，这本身也是对于女性的重视。

魏晋南北朝时期的女性也表现出对幸福爱情的执著追求。婚姻本该是男女间爱情的升华和结晶，但封建宗法制度下男女双方的结合，是由于财富、地位的作用，通过父母之命、媒妁之言硬箍在一起的。当事人自己，特别是女子，却没有任何选择权。魏晋南北朝时期，不少青年男女顶着种种压力和非难，向钟爱的人倾吐钦慕之情，并终结伉俪。

晋初权臣贾充的小女儿贾午，爱上了父亲的僚属韩寿，就"厚相赠结，呼寿夕入"，连皇帝赏给贾充的奇香也偷偷当做信物送给了韩寿。贾充知道此事木已成舟，只得让女儿嫁给韩寿（《晋书·贾充传》）。到唐朝，李商隐还写过一首《无题》诗提及此事："贾氏窥帘韩掾少，宓妃留枕魏王才。春心莫共花争发，一寸相思一寸灰。"明人陆采还为此写过一出戏《怀香记》，讴歌他们有情人终成眷属。

魏晋南北朝的很多夫妻都是情深意长，这在文学作品中多有体现，其一即是悼亡题材诗歌的出现。西晋潘岳怀念亡妻的《悼亡诗》情深义重，其中有一句"如彼游川鱼，比目中路析"，说夫妻一人先去，就像比目鱼的分崩离析。潘安的三首悼亡诗都写得情真意切，李商隐曾说"只有安仁能作诔，何曾宋玉解招魂"。受潘岳的影响，后人写哀悼亡妻的诗多用"悼亡"为题。如孙子荆为妻服丧期满，作《悼亡诗》，王武子看后说："览之凄然，增伉俪之重。"（《世说新语·文学》）此外，还有齐梁间诗人沈约的《悼亡诗》、江淹《悼室人诗》。延及唐代，元稹有《遣悲怀》三首、《离思》五首、《六年春遣怀》八首共十六首悼亡诗，李商隐更有多篇佳构。宋代苏轼《江城子》"十年生死两茫茫，不思量，自难忘"广为传唱，直至清代纳兰性德也有多篇词作，不能否认这些都受到了潘岳《悼亡诗》的影响。

汉乐府民歌中一曲《上邪》令人荡气回肠："上邪！我欲与君相知，长命无绝衰。山无陵，江水为竭，冬雷震震夏雨雪，天地合，乃敢与君绝！"同样，魏晋南北朝时期的乐府民歌也反映了青年男女对幸福爱情的向往。"始欲识郎时，两心望如一。理丝入残机，何悟不成匹！"（《子夜歌》）"百思缠中心，憔悴为所欢。与子结终始，折约在金兰"（《那呵滩》）。在南朝乐府民歌中，有对爱侣的热切追求，也有对爱情生活的沉醉和恋惜以及获得爱情后的幸福。北朝乐府民歌，不少也是表达男女恋情的，而且更为爽直、真切。"谁家女子能行步，反著夹襕后裙露。天生男女共一处，愿得两个成翁姬。"（《捉搦歌》）还有一些民歌反映了女子对于婚嫁的迫切要求。"门前一株枣，岁岁不知老。阿婆不嫁女，哪得孙儿抱？"（《折杨柳枝歌》）"老女不嫁，蹋地唤天。"（《地驱乐歌辞》）"小时怜母大怜婿，何不早嫁论家计。"（《捉搦歌》）"阿婆许嫁女，今年无消息。"（《折杨柳歌辞》）

在当时，青年男女以各种方法表达对于爱情的坚贞固执。"春蚕不应老，昼夜常怀丝。何惜微躯尽，缠绵自有时"。这首《作蚕丝》的作者极贴切地以蚕自比，甘愿为爱情付出自己的一切，坚信必有实现愿望的时候。《华山畿》则表现了一位以身殉情的女性对于爱情的珍重："华山畿，君既为侬死，独生为谁施！欢若见怜时，棺木为侬开。"关于这首诗，曾有一段离奇的故事。《乐府诗集》引《古今乐录》说，南朝宋少帝时，南徐的一位青年书生从宝华山（在今江苏句容）前往云阳，在客舍中遇一姑娘，互相产生了爱慕之情，但无由实现愿望，青年后因相思而死。临死前，他要求母亲让灵车从宝华山绕过。灵车来到姑娘家门口，拉车的牛怎么也不肯动。姑娘梳妆打扮了一下，走出家门，唱了这首歌，棺应声而开，她便跳入棺中，棺木再也无法打开。一对情侣就这样同棺合葬了。这个故事虽不可信，但其中女主人公的行为，表现了她对爱情的忠诚，也反映了人们对这种纯真爱情的喜爱、赞赏。它是对封建礼教和包办婚姻的有力批判。

当然，一些做家长的，也乐意成全子女与意中人成婚。西晋河东郡刺史徐邈为让女儿选一个如意郎君，便把手下未婚的官吏集中起来议事，让女儿躲在帘内观选。女儿看中王濬，徐邈就让女儿与王濬结了婚（《晋书·王濬传》）。刚登基的隋文帝杨坚，为给外孙女娥英择婿，特地下令让贵族子弟到弘圣宫去，每天多达上百人。娥英选中李敏。杨坚就批准他们成婚（《北史·李贤传》）。

秦汉时期，由于官方的奖励和刘向、班昭等人的宣谕，社会上对贞节的要求逐渐由宽泛变为严格。然而汉末以后，"天下贱守节"（《晋书·傅玄传》），改嫁也成为比较常见的现象。

曹操起用人才，不拘名节，即使"盗嫂受金"者也可尽一技之长。他本人对待再嫁问题就很开明。临终前，他曾嘱咐妻妾们："顾我万年之后，汝曹皆当出嫁。"曹操之子曹丕的第一个夫人甄氏本是袁绍之子袁熙的妻子，袁氏败亡后，被曹丕娶去，曹操对此也表示支持。孙权的两个女儿鲁育、鲁般，先分别嫁给周循和全琮。周、全二人死后，她们都另外嫁了人。有些妇女还想尽各种办法达到再嫁的目的。据《南史·徐聿之传》记载，徐孝嗣的父亲徐聿之死时，母亲正怀着孝嗣，想另嫁人，怕生了孩子不好办，便故意从床上滚到地下，又拿棒槌戳自己的肚子，还服用了打胎药，但始终打不下来胎，后来只得生下孝嗣，并给他起了个小名叫遗奴。

社会上也改变了对女子从一而终的要求，视再嫁为自然平常之事。据《世说新语·伤逝》、《世说新语·假谲》，东晋诸葛恢之女文彪，在丈夫庾会死后守寡。诸葛恢多次劝说文彪改嫁江彪；还写信给庾会的父亲庾亮，征求意见。庾亮很通情达理，复信说："贤女尚少，故其宜也。"文彪改嫁后，江彪对她不加歧视，二人相互敬重，感情很好。又据《陈书·徐陵传》，徐孝克家中贫困，又遇上侯景之乱，便逼着妻子臧氏另嫁人，自己也当了和尚。后来侯景之乱被平定，臧氏在后夫死后，便主动去找徐孝克，徐孝克"于是归俗，更为夫妻"。

由于战乱频仍，兵燹不断，用于军事和生产的人口大为减少。为增殖人口，统治者也常常用行政命令迫使寡妇改嫁。曹魏时曾多次征集各地寡妇，配给军士。南北朝时继续采用这种办法。北齐神武帝先是下令释放芒山俘虏，让民间寡妇和他们婚配，后又发山东寡妇二千六百多人以配军士。周武帝也曾诏令地方官吏督促鳏寡婚嫁。另外，南朝和北朝，在政权更迭时，后继者往往安排前朝的后妃、公主等改嫁。东魏孝静帝高皇后，魏亡后改嫁杨愔。北齐后主斛律后，齐亡后改嫁元仁。

统一的隋唐王朝，婚姻生活也较为开放，妇女的地位仍然较高。杨隋、李唐皇室都与拓跋鲜卑有着密切的渊源关系，在婚俗方面一直保留着某些原始遗风。同时，少数民族生活习惯的熏习，冲淡了传统的伦理道德观念，直到唐代中期，社会上对妇女的礼法约束都是很轻很弱的。唐代女性敢于追求幸福爱情和美满婚姻。据《开元天宝遗事》记载，宰相李林甫有六个女儿，长得都很漂亮。不少皇亲国戚来求婚，李林甫总不答应。后来"林甫厅事壁间，开一横窗，饰以杂宝，缦以绛纱，常日使六女戏于窗下。每有贵族子弟入谒，林甫即使女于窗中自选可意者事之"。又据《太平广记》记载，进士卢储投卷李翱，李翱十五六岁的女儿无意中读了卢储的文卷，对人说："此人必为状头。"李翱一听颇为奇怪，就让宾佐到邮舍，把女儿的话告诉了卢储，并选择他做了女婿。可见贵族女子在父权允许的条件下，有可能选择意中人。

在中下层社会，女子更是注重爱情，通过自由恋爱结为夫妻的现象屡见不鲜。姑娘晁采小时候与邻居家的男孩文茂"约为伉俪"。到代宗时，二人都长大了，文茂常"寄诗通情"，甚至"乘间欢合"。晁母得知此事，不仅没生气，反而说"才子佳人，自应有此"，把女儿嫁给了文茂（《全唐诗》卷八〇〇）。《幽明录》载，一小伙子见卖胡粉的姑娘长得漂亮并喜欢上她，就天天到市场上买胡粉。姑娘问他："君买此粉，将欲何施？"他回答："意相爱乐，不敢自达。然恒欲相见，故假此以观姿耳。"姑娘大为感动，便以身相许，终成眷属。这些故事，充满了浪漫色彩，洋溢着真挚感情，完全没有父母之命和金钱诱惑的影子。唐代传奇小说中也有不少作品塑造了大胆追求自主婚姻的女性形象，如《任氏传》、《柳毅传》、《霍小玉传》、《莺莺传》、《离魂记》等。《华州参军》中，崔氏被迫嫁与表兄之后，大胆与柳生私通，至死不渝。

《贾人妻》中，贾人妻始终不忘仇恨，但是偶遇王立，因"诚意与言，气甚相得"，便与之结婚生子；报仇后，为逃避追捕毅然离开王立；为彻底斩断情缘，又果断杀死亲生儿子。这些女性已经不同于传统意义上受制于三纲五常的闺阁女子，在她们的行为中更多地灌注了自我利益，家庭包括丈夫和儿子不再是她们生命的全部，她们有个人的价值目标，为了实现个人的幸福执著追求，甚至不惜以牺牲家庭为代价。唐代以纯洁爱情为题材的诗歌更是不胜枚举。在爱情上，她们表现得极为主动、大胆。《聂隐娘》中，"磨镜少年及门"，聂隐娘立即告诉父亲，大胆说出这样的话："此人可与我为夫。"《昆仑奴》中，红绡在送崔生出门的一瞬间，用"立三指"、"反三掌"主动盟约；崔生赴约，她"跃下榻执生手"，大胆表白："所愿既中，虽死不悔。请为仆隶，愿侍光容"，情感何其热烈。同时，唐传奇中也体现了女性巾帼不让须眉的豪气。如《李娃传》中，李娃倾其资产救助被亲人遗弃、病困街头的荥阳生，在他功成名就时却主动离开，表现的是不求回报、救人困苦的善良和仁爱。而《虬髯客传》中，红拂慧眼识英雄，天下大乱之际，看杨素骄横跋扈，虽"权重京师"，却是"尸居余气"，于是毅然投奔胸怀抱负却尚为贫士的李靖，表现出坚决果断的刚毅和正气。

隋唐时期，特别是中唐以前，离婚、再嫁颇显容易。唐律允许"和离"，对妇女离婚和改嫁没有进行约束和限制。离婚固然以夫方提出者居多，然而由妻方提出离异者也不少。有因为丈夫犯罪而要求离婚的。《旧唐书·列女传》载，隋黄门侍郎裴矩的女儿嫁给李德武为妻。结婚一年，德武被判罪发配岭表。于是裴矩"奏请德武离婚"。有因本家有故而要求离婚的。据《旧唐书·列女传》，太宗时刘寂妻夏侯氏，字碎金，其父因病失明，"碎金乃求离其夫，以终侍养"。有因丈夫患病而要求离婚的。据《旧唐书·武宗纪》，右庶子吕让的侄女嫁给左卫兵曹萧敏，生下二男，后"敏心疾乖忤，因而离婚"。还有的民间女子因对婚姻生活不满意而提出离婚。如颜真卿任临川内史时，有个读书人名叫杨志坚，家境贫寒，常常断炊。杨志坚的妻子受不了这种苦，请求离婚，得到颜真卿的批准（唐范摅《云溪友议》卷上）。元和年间，户部尚书李元素因出妻不当而停官。据《旧唐书·李澄传》："初，元素再娶妻王氏，石泉公方庆之孙，性柔弱，元素为郎官时娶之，甚礼重，及贵，溺情仆妾，遂薄之。且又无子，而前妻之子已长，无良，元素寝疾昏惑，听谮遂出之，给与非厚。妻族上诉，乃诏曰：李元素病中上表，恳切披陈，云妻王氏，礼义殊乖，愿与离绝。初谓素有丑行，不能显言，以其大官之家，所以令自处置。访闻不曾告报妻族，亦无明过可书，盖是中情不和，遂至于此。胁以王命，当日遣归，给送之间，又至单薄。不唯王氏受辱，实亦朝情悉惊。如此理家，合当惩责。宜停官，仍令与王氏钱物，通所奏数满五千贯。"朝廷虽依礼维护了李元素的出妻决定，但同时，又依照法律规定，对李元素没有履行报与妻族、书写文书等法定程序的行为，进行了惩罚，停官，责令加给女方以钱物。这样的惩罚应该是很重的。

当时妇女再嫁的很多。隋文帝的女儿兰陵公主，先是嫁给王奉孝，奉孝死后又嫁给柳述（《隋书·列女传》）。据《新唐书·诸帝公主传》，包括唐高祖的妹妹在内唐代公主共 201 人，其中未及结婚而死的 31 人，当道士不婚的 9 人，另有 40 人是否成婚不明，曾经婚嫁的是 121 人。在婚嫁的公主中再嫁的有 30 人之多，占了近 1/4（《新唐书》载二十七人，另有顺宗西河公主，先嫁沈翚，后嫁郭铦，见《郭子仪传》；《册府元龟》另载睿宗凉国公主、代宗楚国公主也曾再嫁）。再嫁者中，有四人是三嫁，分别是高宗、中宗、玄宗、肃宗的女儿。再嫁的原因，主要有丈夫（驸马）自然死亡和因政治原因被处死、流放两种。

在当时人看来，再嫁也是合乎礼仪的。楚王李灵龟死，其妃上官氏服丧。服丧结束，哥哥们劝她说："妃年尚小，又无所生，改醮异门，礼仪常范。"就连一向讲究礼法的山东名族，也没有把再嫁视为羞耻之事。如山东著姓卢氏，嫁崔绘为妻，"绘早终，卢年少，诸兄欲嫁之"，"卢亡姊之夫李思冲，神龙初为工部侍郎，又求续亲，诸兄不之拒"（《旧唐书·列女传》）。据《大唐新语·公直》，魏元忠儿子魏升娶荥阳士族郑远的女儿为妻。魏升后为乱兵所害，元忠也罪入牢狱。"远以此乃就元忠求离书。今日得离书，明日改醮"。

唐代男女关系比较自由随便，上层妇女特别是后妃、公主常常享有与男子对等的婚外性恋，不少人置有面首。社会上一般妇女私奔、淫通之事也不乏其例。如许敬宗以侍婢为继室，而其子许昂则与其私通不绝（《旧唐书·许敬宗传》）。郎中裴珪妻赵氏，常与合宫尉卢崇道私通（唐张鷟《耳目记》）。

此外，唐代歧视妇女的观念也显得较为轻淡。这一时期不仅出现了中国历史上唯一的女皇帝武则天，而且在中宗、睿宗等朝，女子在社交场合，在文苑艺坛乃至政治舞台，都非常活跃。如中宗的昭容上官婉儿，就是名冠一时的女诗人。"婉儿常劝广置昭文学士，盛引当朝词学之臣，数赐游宴，赋诗唱和。婉儿每代帝及后、长宁、安乐二公主，数首并作，辞甚绮丽，时人咸讽诵之"（《旧唐书·后妃传》）。社会上也涌现出一批以诗著称的才女。同时，武则天女太平公主、韦后女安乐公主及其他公主，都开府置官，与亲王一样，公开从事政治活动。许多女子走出闺房，参加各种文体活动，读书习文，骑马击球，几乎与男子无异。

武则天对唐代妇女保持较高的社会地位，也做过很大努力。高宗以前的礼法规定，子为父服丧三年，为母服丧一年。武则天为此深感不平，曾上表高宗，"请父在为母终三年之服"，高宗诏准。但此制高宗时并未实施，武则天称帝后才正式颁行（《旧唐书·礼仪志》）。武则天称帝本身就是对传统观念的挑战，她当政期间的一些措施，又为唐代妇女提高社会地位创造了良好的条件。

还应看到，魏晋隋唐女性的社会生活也存在着严重的不平衡，有其消极的一面，体现出封建时代妇女普遍具有的两重性格，即在传统礼教禁锢下的沉重精神负担和对自由美好生活的极力追求。当时争得较高地位的女性大多出身于经济发达地区的中上层家庭。由于这些家庭财富多，职权重，宗法观念更强，男女不平等的现象也更加明显。中上层女性和其他女性一样受男性特权束缚，终生禁锢家中，成为富贵囚徒，故而有着与下层女性同样的抗争意识。而且，中上层女性一般有较好的文化修养，容易接受新的思想学说，她们的斗争造成了较大的社会影响，具有积极的意义。当然，中上层女性的局限性也不容忽视。她们与本阶层男子一起压迫包括下层女子在内的广大人民，她们的斗争目的仅限于从本阶层男子手中分享更多的权益，实现不完全的男女平等。

在下层社会，由于生活艰难，妇女不同程度地参加生产劳动，男性特权比较弱一点，但受家族宗法观念和男尊女卑传统的影响，加上男女在经济上的不同贡献，也形成了男女地位的不平等。下层女子还与本阶层男子共同遭受中上层统治者的压迫和剥削。特别是沦为姜妓、奴婢的下层女子，身心受到严重摧残，遭遇更苦，反抗意识也更强。下层妇女是争取男女完全平等斗争的主要力量。不过下层女性被剥夺了受教育的权利，没有文化知识，因而缺乏新的思想意识，缺乏主动性和自信心，她们的斗争在魏晋隋唐时期并没有造成什么大的社会影响，地位也没有很明显的提高。

宋代以后，随着宗法制度和贞节观念的强化，广大妇女再度沦为男性特权的牺牲品，在社会和家庭中的地位彻底跌落。当然，也不乏一些有识之士新调别弹。清代乾、嘉之时，袁枚不顾时人取笑，反对"女子无才便是德"的传统思想和缠足的陋习，并坚持招收女弟子进行教育。其中比较著名的如席佩兰，有歌行体诗《夫子报罢归，诗以慰之》，为安慰丈夫科举不中而作——"君不见杜陵野老诗中豪，谪仙才子声价高。能为骚坛千古推巨手，不待制科一代名为标。夫子学诗杜与李，不雄即超无绮靡。高唱时时破碧云，深情渺渺如春水。有时放笔悲愤声，腕下疑有工部鬼，或逞挥毫逸兴飞，太白至今犹未死……"这是以唐代大诗人李白、杜甫为说，盛赞丈夫的艺术才华。清代中后期，一些进步人士开始关注妇女的遭遇。《镜花缘》作者李汝珍在小说中批评缠足、娶妾等陋习，认为女子和男子先天的才智是相同的，鼓励她们受教育和从政。龚自珍等人也都对男女不平等的现象进行过抨击，但在当时的封建专制社会里，这些同情和关心都不能从根本上改变妇女的命运。作者在作品中极力展现自己的理想，在以女性为中心的"女儿国"里，"男子反穿衣裙，作为妇人，以治内事；女子反穿靴帽，作为男人，以治外事"。女子的智慧、才能都不弱于男子，从皇帝到辅臣都是女子。男子林之洋被选为女王的"王妃"，被穿耳缠足。作品中洋溢着作者对男女平等、女子和男人具有同样社会地位的美好理想。吴敬梓的《儒林外史》中刻画的杜少卿形象也很是独特。他大胆质疑朱熹对《诗经》的解说，认为《溱洧》"也只是夫妇同游，并非淫乱"，《女曰鸡鸣》是提倡独立自主，怡然自乐的生活境界。他不受封建礼俗的拘束，"竟携着娘子的手，出了园门，一手拿着金杯，大笑着，在清凉山冈子上走了一里多路"，使"两边看的人目眩神摇，不敢仰视"。他也是尊重女性的典范，笃于夫妻情爱，反对纳妾："娶妾的事，小弟觉得最伤天理。天下不过是这些人，一个人占了几个妇人，天下必有几个无妻之客。小弟为朝廷立法：人生须四十无子，方许娶一妾，此妾如不生子，便遣别嫁。"虽然这些话或多或少还是受了些封建观念的影响，但也算得上石破天惊了。其妻沈琼枝原是书香门第出身，曾被盐商宋为富骗娶作妾，她设计裹走宋家的金银珠宝，逃到南京卖文度日。人们都把她看作"倚门之娼"，但杜少卿却说："盐商富贵奢华，多少士大夫见了就销魂夺魄，你一个弱女子，视如土芥，这就可敬的极了。"当然，这些都是吴敬梓借杜少卿之口传达的肺腑之言。

十 门第婚姻的极度盛行

　　人们大概都知道王羲之"坦腹东床"的婚姻佳话。东晋丞相王导、太尉郗鉴两家，都是显赫一时的名门大姓。一天，郗鉴派门生到王导家择求女婿。王导让这个门生到东厢遍观子弟。门生回报郗鉴，说王家子弟都不错，但显得矜持，唯独一人在东床坦腹饮食。郗鉴说：此人正是我意中的女婿。于是就将女儿嫁给那人。那人就是王羲之。这一婚姻也是门第婚姻的典型。

　　封建时代，缔结婚姻的双方家族，必须门当户对。地主贵族通婚的主要目的，是生育继承财产、爵位的儿子，巩固和提高家族的社会地位。魏晋南北朝时期，这种政治性婚姻达到了登峰造极的地步，其表现形式就是门第几乎被视为通婚的先决条件。

　　两汉时期官僚多以儒学经术起家，致身通显，他们的子孙也往往绍继家学，从而造成一种累世公卿的现象。东汉中期以后，门阀士族逐渐出现，并成为极其重要的社会力量，"选士而论族姓阀阅"（仲长统《昌言》）。曹魏初期，实行九品中正制度，即九品官人法，州郡大小中正全由当地著姓士族担任，九品的定评，人才的选用，自然操纵在他们手中。于是官品的升降，大都凭借"世资"，依据品第的高低来决定。晋代以后，"上品无寒门，下品无势族"，世家大族的势力进一步发展，形成了典型的门阀政治。在东晋南朝，随司马氏过江的"侨姓"王、谢、袁、萧，本居吴地的顾、陆、朱、张，都是著名的豪门大姓，其中以王、谢为最高。在北朝，山东以崔、卢、李、郑、王为首姓，关中和河东以韦、裴、柳、薛、杨、杜为首姓，另外还有汉化鲜卑族的大姓。有些大姓又因籍贯不同而有所区别，如东晋南朝的王姓就分为琅琊王氏、太原王氏和东海王氏。

世家大族在政治、经济等方面拥有很大特权，身居显贵。为了保持优越地位，巩固新的同盟，他们实行严格的门第婚姻，把通婚范围限制在名门大姓之内。东晋南朝，王、谢两姓曾世代通婚。出身于琅琊王氏的王凝之娶谢安侄女（道蕴），王珣娶谢万女，王珉娶谢安女，王僧达娶谢景仁女，出身于太原王氏的王述女嫁谢万为妻，王国宝娶谢安女。此外，各"侨姓"都互结婚姻，如袁湛的母亲是谢安女，袁湛自己又娶谢玄女，侄子袁淑也娶了王诞女，全是门阀间通婚。本居吴地的顾、陆、朱、张四姓也都慎择门户素对，或者与会稽孔、魏、虞、谢四姓结亲。

世家大族和寒门庶族两者身份高低不同，不相往来。世族还排斥寒门，对寒人不予礼接，肆行侮辱。他们为了保持"士庶天隔"的界限，禁止与寒门庶族通婚。如果"婚宦失类","不得其门流",就会遭到本阶层人士的非难和谴责。南朝齐时,出身于东海王氏的王源将女儿嫁给富阳满璋之的儿子满鸾,御史中丞沈约上表弹劾,指出满氏的"族姓,士庶莫辨","王满连姻,实骇物听",玷辱了名门,要求革去王源官职,剔出士族,"禁锢终身"(《文选·沈约〈奏弹王源〉》)。有些世家大族虽已中衰,但仍自视高门,不肯与庶族通婚。据《陈书·儒林传》,出身于太原王氏的王元规,幼年丧父,家中贫困,兄弟三人随同母亲寄居舅父家里。当地的富豪刘瑱,为攀上名门亲戚,准备以巨资陪嫁,把女儿嫁给王元规。母亲想答应,王元规却哭着说:我们正是因为一直保持婚姻门第,才受人敬重,怎么能够家贫就非贵而婚呢?结果婚姻未成。又据《魏书·崔辩传》,崔巨伦的一个姐姐瞎了一只眼,名门望族的子弟都不肯娶,家里没办法,想把她下嫁给庶族。另一著姓李家的姑母听说这事,悲痛地说:"吾兄盛德,不幸早世,岂令此女屈事卑族!"于是就让儿子李翼娶了她。

握有至高无上权力的皇帝及皇室贵族,也极力争取与世家大族建立姻戚关系。晋武帝娶弘农杨氏之女为皇后。第一个杨皇后死后,武帝仍看中杨氏门第,让杨皇后的侄女继立为皇后(《晋书·后妃传》)。东晋南朝的不少公主都嫁给了王、谢等名门大姓。北魏孝文帝雅重门族,将卢氏、崔氏、郑氏、王氏之女纳入后宫,还为他五个弟弟聘名门之女为妻(《资治通鉴·齐纪六》等)。北魏时,卢氏"一门三主",大臣卢度世的三个孙子，卢道裕尚献文帝女乐浪长公主，卢道虔尚孝文帝女济南长公主，卢元聿尚义阳长公主，颇为时人所称慕（《魏书·卢玄传》）。东魏高澄为从弟高睿娶郑氏之女，后知他并不很快乐，就问："郑氏门阀甚高，汝何嫌而不乐?"（《北齐书·赵郡王琛传》）北齐娄太后为博陵王纳崔氏之女为妃，特地嘱咐说："好作法用，勿使崔家笑人。"（《北齐书·崔㥄传》）

相反，许多高门望族并不以联姻素门出身的皇室为殊荣。据《梁书·王峻传》，王峻之子王琼为国子生，尚始兴王（梁武帝弟）之女繁昌县主。王琼脑子很笨，受到人们的嗤笑，于是县主和他离了婚。始兴王觉得过意不去，便对王峻说："此自上意，仆极不愿如此。"王峻却自恃出于名门，说："臣太祖是谢仁祖外孙，亦不藉殿下姻媾为门户。"

一些出身寒门庶族的官僚，能得到因罪没官而另嫁的高门女子为妻，就感到非常荣幸了。东魏右卫将军郭琼的儿媳妇是卢道虞之女。郭琼因罪处死，她被没入官府，高欢让孝静帝将她赐给陈元康为妻。陈元康马上就将故妻赶跑了（《北齐书·陈元康传》）。高欢宠爱出身寒贱的孙搴，便把罪人之妻韦氏赐给他，不仅孙搴自己甚感光荣，别人也都很羡慕（《北齐书·孙搴传》）。

当然，也有不少高门大姓愿意与一些寒门出身的将帅结亲，因为这些将帅位至三公，具有很大的政治经济势力。如出身于琅琊王氏的王锡把女儿嫁给沈庆之的儿子沈文季，谢超宗为儿子娶了张敬儿的女儿，谢朓也娶了王敬则的女儿，都属这种情况。

为了攀上与世家大族的婚姻，一些出身寒门庶族的富豪，便以巨资相求。也有一些名门贪图财物，故意让子女与庶族成婚。清代赵翼《廿二史札记》卷十五说："魏、齐之时，婚嫁多以财币相尚，盖其始高门与卑族为婚，利其所有，财贿纷遗，其后遂成风俗，凡婚嫁无不以财币为事，争多竞少，恬不为怪也。"魏文成帝曾下诏说："中代以来，贵族之门，多不率法，或贪利财贿……无所选择，令贵贱不分……亏损人伦，将何以宣示典谟，垂之来裔。"（《魏书·文成帝纪》）可见财婚由来已久。北齐封述为儿子娶李士元之女，"大输财聘"，但临近举行婚礼，离李家的要求还相差很远。封述赶忙拿来供奉的神像，当着李士元的面打碎，发誓以后一定补足。封述又为另一儿子娶卢庄之之女，送去很多财礼，卢家却摆出高门大姓的架子，故意刁难，"送骡乃嫌脚跛，评田则云咸薄，铜器又嫌古废"，弄得封述只好去打官司（《北齐书·封述传》）。针对财婚这种陋习，当时也有反对的，颜之推就曾告诫子孙说："卖女纳财，买妇输绢，比量父祖，计较锱铢，责多还少，市井无异。"（《颜氏家训·治家》）

财婚一盛，为标榜门第起见，人们嫁女娶媳，极事奢侈、铺张。一般百姓因为经济困难，嫁娶往往失时。北魏孝文帝曾诏令实行"仲春奔会"的形式，让"男女失时者以礼会之"（《魏书·孝文帝纪》）。北周建德三年（574），周武帝又下诏，要求"所在军民，以时嫁娶，务从节俭，勿为财币稽留"（《周书·武帝纪》）。不过这种现象始终未能消除。

魏晋南北朝时期，指腹婚十分盛行。指腹婚，又称胎婚，是一种父母为子女办包预订婚约的变异形式。两家妻妾怀孕，指腹相约，产后若是一男一女，即结为夫妇。指腹婚出现很早，至少可以追溯到汉代。据《后汉书·贾复传》，大将贾复受了重伤，光武帝刘秀悲痛万分，听说他妻子正身怀有孕，就说："生女邪，我子娶之，生男邪，我女嫁之，不令其忧妻子也。"但遍查史籍，不曾见贾复子女与光武帝子女通婚的记载，很可能光武帝当时是心血来潮，光想安慰部下，就一味许诺。事情一过，他又把自己的话忘得一干二净了。指腹为婚多出自主婚者一时之感情，其流弊十分明显。在封建社会就受到有识之士的谴责，而且有的朝代法令明文禁止。如司马光说："及其长成，或不肖无赖，或身有恶疾，或家贫冻馁，或丧服相仍，或从宦远方，遂致弃信负约，速狱致讼者多矣。"（《家范》）至元以后，指腹婚遂为法律所禁，不过禁令归禁令，陋俗成风，不仅难以约束反而更加盛行，此俗一直延及近代中国社会。

魏晋以后，为了维护门第婚姻，保证各种同盟关系的延续，以世家大族为代表的中上层社会非常重视指腹婚。北魏著名士族崔浩的两个女儿分别嫁给名门王氏和卢氏。两个女儿都怀了孕，崔浩便对她们说："汝等将来所生，皆我之自出，可指腹为亲。"后来王

家生了王宝兴，他娶了姨母之女卢氏为妻。（《魏书·王宝兴传》）

当然，有的指腹婚是出于维系旧情、不忘故约的目的。据《梁书·韦放传》，韦放和张率是好朋友，两个人的妾都怀了孕，便指腹为约，定下子女的婚事。张率不幸早逝，子女尚幼，韦放时时赡给。后来，韦放任北徐州刺史，不少贵族要和他联姻，韦放一一拒绝，说："吾不失信于故友。"于是让儿子韦岐娶了张率的女儿，又让女儿嫁给张率的儿子为妻。指腹婚的现象在后世也时有发生，但其政治色彩已经不像魏晋南北朝时期那样浓重。

门第婚姻历久不衰，至隋唐时期仍很盛行。隋文帝统一全国后，对南北朝时期的名门大姓进行过抑制，世家大族特别是南朝王、谢等高门望族逐渐衰落。山东地区的王、崔、卢、李、郑等大姓虽已衰落，但仍抱住祖宗牌位，自视门第高贵，不与庶族通婚。士族力量的存在，不利于中央集权政治的巩固。唐朝皇室属关陇士族，更不能容忍山东士族有强大势力。于是唐太宗令高士廉（高俭）修《氏族志》，重新评定门第。然而修成的《氏族志》在收入的二百九十三姓、一千六百五十一家中间，山东崔干虽然只是个四品官，却被列为第一等。唐太宗看后大为不满，指出山东士族"世代衰微，全无冠盖"，北齐和南朝梁、陈，不过是偏居一方的下国，没有必要把崔、卢、王、谢看得很高。他令高士廉等"不须论数世以前，止取今日官爵高下作等级"，对该书重新刊定（《旧唐书·高士廉传》)。新修成的《氏族志》，以皇族为首，外戚次之，唐初的主要功臣之家也升入较高的等级。尽管这样，崔干仍被列为第三，地位极高。

武则天执掌政权后，通过唐高宗下诏，令许敬宗、李义府改修《氏族志》为《姓氏录》，"皇朝得五品官者，皆升士流"。于是许多以军功得五品官的被列为士族。门阀旧族在《姓氏录》中虽然有名，但他们都不得不与被他们瞧不起的军功官僚并列，这实际上是降低了他们的身份。

为了抑制山东士族，唐太宗还特地下诏，规定士族中崔（清河崔和博陵崔）、卢（范阳卢）、李（赵郡李和陇西李）、郑（荥阳郑）等，不许互相通婚。同时还规定，皇室的亲王、公主都要在显贵名臣之家选择配偶。太宗的二十一位公主的驸马，能查到父母的，的确都是文武大臣的儿子，或是帝后外家子弟。高宗、中宗也是如此。高宗还明令，"凡士姓十家，不得自婚"。

但是，社会风气很难依皇帝的禁令为转移。"天下衰宗落谱"的名门大姓反而号称"禁婚家"，越发觉得自己高贵，并"潜相聘娶"（《新唐书·高俭传》）。也有的即使女老不嫁，也不愿跌落身价，与他族为婚。中宗朝的宰相李日知，子女年幼时，就由他主持，"皆结婚名族"（《旧唐书·李日知传》）。文宗朝的宰相郑覃的父亲也曾当过宰相，但他却把自己的门第看得比权势更高贵。他有一个孙女，许多当世权贵都来为子孙求婚，但他一概不允，最后选中了小小的九品官崔皋，因为崔家也是山东著姓，两家门当户对。

唐代的官僚新贵，也十分企羡名门望族，想方设法与他们结亲。唐初名臣魏徵、房玄龄、李勣等都争相向山东士族攀婚（《资治通鉴·唐纪十六》）。又如李敬玄前后三次娶妻，妻子都是出自山东著姓（《旧唐书·李敬玄传》）。还有薛元超，官至中书，仍以"不得娶五姓女"为平生恨事之一（唐刘𫗧《隋唐嘉话》）。

中唐以后，不仅朝臣以结婚名族为荣，而且皇室也开始与名族通婚。睿宗时就出现了选崔、李、郑、王子弟为驸马的现象。到宪宗时期，已公开不满于公主多嫁"戚里、将军"的旧制。唐宪宗曾命宰相李吉甫从名门大臣的儿子中为女儿岐阳公主挑驸马，但名门大臣都以儿子有病为借口，极力推辞，只有前宰相杜佑的孙子杜悰应诏当了驸马（《新唐书·杜佑传》）。唐文宗也曾想让公主嫁给士族，但遭到拒绝，文宗悲叹说："民间修婚姻，不计官品而上阀阅。我家二百年天子，反不若崔、卢耶？"（《新唐书·杜兼传》）

到唐宣宗时，皇宗更进一步屈从士族。宣宗一心要让爱女万寿公主嫁给一个门第高贵的士人，宰相白敏中便举荐了新进士郑颢，宣宗颇为欢喜，即刻许亲，并在万寿公主出嫁后连续下了两次屈从士族的诏书。一次提出："先王礼制，贵贱共之。万寿公主奉舅姑，宜从士人法。"另一次规定：公主和县主（亲王之女），"有子而寡，不得复嫁"。皇帝如此屈从，郑颢却因尚公主而大为不快。原来，他本已和另一名族卢氏之女订婚，并已在赴婚途中，由于白敏中的举荐，并以尚公主将他召回长安，他只得改娶公主。为此事他一直怨恨白敏中，曾屡屡上书，攻击白敏中。宣宗自知其中原委，把奏书全都压下来，保护白敏中这个媒人（《新唐书·白敏中传》、《诸帝公主传》）。

唐末农民战争沉重打击了封建统治阶级，使残存的士族集团丧亡殆尽。于是，延续数百年的门第婚姻便销声匿迹了。五代以后，"取士不问家世，婚姻不问阀阅"（《通志》卷二十五），虽然还有婚姻论门第的现象，但与这种盛行一时的门第婚姻已经不能同日而语了。

高门望族自矜门阀，如果与他姓通婚，必然要利用门阀索取大量资财。此外，寒门素姓即使身居显官，也总以为低人一等，能和名门大姓攀上姻亲，便是莫大的光荣，于是就不惜大量资财向这些名门大姓聘妻嫁女。《新唐书·高俭传》说："太宗尝以山东士人尚阀阅，后虽衰，子孙犹负世望，嫁娶必多取资，故人谓之卖婚。"在唐朝初年，卖婚之风极盛，已经成为一个严重的社会问题，"问名惟在于窃资，结褵必归于富室。乃有新官之辈，丰财之家，慕其祖宗，竟结婚媾，多纳货贿，有如贩鬻。或自贬门第，受屈辱于姻娅，或矜其旧族，行无礼于舅姑"。唐太宗在贞观十六年（642）断然诏命："自今年六月，禁卖婚。"（《唐会要》卷八十三）但卖婚的现象仍有增无减。

卖婚也并非仅限于名门士族向别人索取钱财。对已经失势、衰落的山东士族来说，攀结新权贵、暴发户，可借以实现振兴门第的目的，于是他们也肯赔财嫁女。例如武则天时的宰相魏元忠，儿子魏升就娶了失势的名门李远的女儿，李远"纳钱五百万，以女易官"。武则天很信任魏元忠，"欲荣其姻对"，便封李远为河内县令，李远的儿子也被封为洛阳参军。可是后来魏元忠受诬下狱，李远立即与魏家绝婚，并在第二天就让女儿改了嫁（《新唐书·齐浣传》）。

除了名门大姓，社会上婚嫁注重资财的现象也十分严重。武后时宰相许敬宗纳资数十万，把女儿嫁给南蛮首领冯盎的儿子和鉴门将军钱九陇，同时又为儿子娶了尉迟宝琳的孙女，以"利其金帛"（《大唐新语·谀佞》）。又如房琯的大儿子房乘，自幼双目失明，于是房琯"厚结司马李锐以财货，乘聘锐外甥女卢氏"（《旧唐书·房琯传》）。为此，高宗于显庆四年（659）下诏，定天下嫁女受财之数。诏书说："自今已后，天下嫁女受财，三品已上之家，不得过绢三百匹，四品、五品，不得过二百匹，六品、七品，不得过一百匹，八品以下，不得过五十匹，皆充所嫁女资妆等用，其夫家不得受陪门之财。"（《唐会要》卷八十三）"陪门财者，女家门望未高，而议姻之家非耦，令其纳财以陪门望"（《资治通鉴·唐纪十六》胡三省注）。

以资财的多寡决定婚姻的成败，已经成为普遍流行的恶劣习气。白居易《议婚》一诗通过描写贫富女子在婚期问题上的不同遭遇，对此进行了猛烈抨击。诗中说："贫为时所弃，富为时所趋。红楼富家女，金缕绣罗襦；见人不敛手，娇痴二八初；母兄未开口，已嫁不须臾。

绿窗贫家女，寂寞二十余；荆钗不值钱，衣上无真珠；几回人欲聘，临日又踟蹰。"在白居易稍后，邵谒的《寒女行》、秦韬玉的《贫女》等诗也都反映了这类社会现象。卖婚的积习流弊，不仅在门第婚姻极度盛行之时，而且在整个私有制时代，都是无法消除的。

明初的门第观念也相当盛行，正所谓："婚姻虽缘地域之逼近而成，实因品类之相同而聚。"这在明初阁臣杨士奇的《东里文集》中比较清楚地反映出来。如洪武年间抚州崇仁名儒刘元亨之妻黄氏，为"里望族黄德和之子"；山东监运使萧鹏举之妻郭氏，"邑溪里名家，父舆恭，元万安主簿，富赀产"，"女三人皆适宦族"；宣德间兵部职方员外郎周歧凤，"二女，其婿进士金昭伯、庐州府学训导彭埙"，个个都是门当户对。民间社会虽然不像仕宦那样有显赫的家世，但也有较强的门第观念。士不愿与农、工、商之家联姻，而农家亦不愿与工、商结亲。华亭士吴炯"有二妹皆及笄未字，机杼与咿唔声旦暮不辍。苟有求亲者，即大骂曰'吾妹当归郡中名士，若辈办耕锄，何敢相辱'"。其实当时吴炯尚未中第，家境很是一般，但即使这样，他依然对"办耕锄"的农民不屑一顾，甚至把他们来求婚都看成是一种耻辱。可见当时的门第观念对人们的婚姻行为产生了极为深刻的影响。

十一 在贞节牌坊的背后

　　贞节牌坊已成旧时代的遗物了。关于它，可以诉说无数辛酸、悲楚的历史故事。

　　根据现有资料，树立贞节牌坊一事始于明代，但要探寻其滥觞，则可追溯到先秦、秦汉时期。贞节牌坊的出现，是贞节观念逐渐明确的结果。所谓贞节，就是指女子不改嫁或不失身。父权制确立后，妇女地位不断低落，婚姻也开始由父母之命、婚妁之言来决定。然而，氏族社会婚姻生活的流风余韵至周代还很浓重，《诗经》中不少乐歌反映了当时"会男女"的习俗。如《郑风·溱洧》写的就是郑国溱水、洧水一带春月会合男女的情景。《周南·汉广》中提到的"游女"，即春日出游于水滨的年轻女子。另外还有《召南·野有死麇》、《鄘风·桑中》等许多描写男女情爱的诗篇。除郑地上巳被禊节外，尚有卫地之桑林祭，陈地之巫风舞等习俗，均为士女欢会择偶的良机。除了《诗经》，其他文献的记述也都表明，周代男女恋爱择偶尚有一定自由，男女活动的天地极为广阔。《楚辞·招魂》谈到楚国风俗时说："士女招坐，乱而不分些。"

据《吕氏春秋·先识》及其高诱注，中山之俗，"男女切倚"，"夜淫不足，续以昼日"。《史记·滑稽列传》也提到，齐国"州闾之会"时，男女杂坐，互相招引，"行酒稽留"，待日暮酒阑，便合尊促坐，同席共枕，"罗襦襟解"。

不仅当时民间习俗如此，而且政府还采取一些行政手段，使之合法化。《周礼·地官·媒氏》说："媒氏掌万民之判……中春之月，令会男女，于是时也，奔者不禁。若无故而不用令者，罚之，司男女之无夫家者而会之。"

当时对妇女的贞节要求，比后世要宽松得多，这也可以从《左传》中的史实得到印证。郑卿祭仲之女雍姬得知其夫奉君命将暗杀其父，非常痛苦，不知在父与夫的生死斗争中站在哪一方，就请教其母"父与夫孰亲"，其母答道："人尽夫也，父一而已，胡可比也？"雍姬遂向其父告发了丈夫的阴谋，其父先发制人，杀死了其夫（桓公十五年）。"人尽可夫"的思想显然是与贞节观背道而驰的。这样的例子不仅一例，又如齐国的卢蒲姜觉察到其夫卢蒲癸将有不利于其父庆舍的行动，便机智地从丈夫口中探知事情的内幕，随即设法向其父告密（襄公二十八年）。齐悼公即位之前曾出亡鲁国，娶了鲁大夫季康子的妹妹季姬。齐悼公回国即位后，季姬与叔父季鲂侯通奸。齐悼公派人来迎接季姬，季姬已把奸情告诉了季康子，所以季康子不敢把季姬交给悼公。悼公大怒，领兵攻打鲁国，占取了两座城邑。数月后，齐、鲁通好结盟，齐国派人把季姬接到齐国。齐悼公由于宠爱季姬，把占领的两座城邑也归还给了鲁国（哀公八年）。卫灵公的夫人南子与宋朝私通。卫灵公为了南子，特地召来宋朝让他们相会。宋国的百姓为此编了顺口溜："既定尔娄猪，盍归吾艾瑕？"意思是说，"已经满足了你们的母猪，何不归还我们那漂亮的种猪？"可见南子的奸情路人皆知，但卫灵公不仅不以为耻，而且帮着妻子和奸夫牵线搭桥（定公十四年）。《左传》所载奸乱淫通的事件还有很多。

并且，《左传》中记载妇女改嫁事也很多，不但夫死可以改嫁，夫未死也可以离婚、再嫁。陈国大夫夏徵舒的母亲、郑灵公的女儿夏姬，第一个丈夫子蛮死后，嫁给御叔，御叔不久也身亡。寡居时，她与陈灵公和大夫孔宁、仪行父通奸。楚庄王攻灭陈国，见夏姬漂亮，便想把她纳入后宫，大夫申公巫臣劝止，庄王只得作罢。楚将子反又想娶夏姬，因申公巫臣再次劝阻而未成。于是庄王便将夏姬给了连尹襄老。连尹襄老不久战死，他的儿子黑要又和夏姬私通起来。后来，一再劝说别人不要娶夏姬的申公巫臣，却设计与夏姬离楚赴郑，聘夏姬为妻，并一同前往晋国，在晋国当了邢地大夫（宣公十年等）。卫国大叔疾已娶了宋女及其妹妹，后因卫乱出亡，孔文子要大叔疾出妻，另把自己的女儿嫁给他。但大叔疾再娶之后，又把前妻的妹妹叫回来。孔文子很生气，把女儿夺了回来。到大叔疾的弟弟被立为卫君（卫出公），卫国人同时让他娶了孔文子那个曾嫁给大叔疾的女儿（哀公十一年）。

当时政府还设有主管鳏夫寡妇再娶再嫁的机构。《管子·入国》说："凡国都皆有掌媒。丈夫无妻曰鳏，妇人无夫曰寡。取鳏寡而合和之，予田宅而家室之，三年然后事之。此之谓合独。"可见当时妇女再嫁被视为正常的事，并没有受到限制。

但是，随着私有制的进一步发展，名教礼法的不断增重，周代后期特别是战国时期，守节开始被定为妇女应该恪守的道德教条。《礼记·郊特牲》说："信，妇德也。一与之齐，终身不改，故夫死不嫁。"齐，应读为"醮"，是指夫妻在婚礼上共同喝干一杯酒，此后妇女终身就不能再嫁。丈夫死了，妻子还要守节。在当时的礼法中，"夫有再娶之义，妇无二适之文"。

秦始皇统一中国后，为巩固中央集权的专制政权，非常重视礼法建设。他是在消除各国宗法势力的基础上完成统一大业的，然而他并未丢掉传统的宗法观念。《史记·礼书》说："秦有天下，悉内六国礼仪，采择其善。"为了实现尊君抑臣的目的，秦始皇继续强化宗法制度，维系父系血统的继承权。要保证父系血统，就要重视女子的贞洁，保守女子的节操。当时还要求男子行义，反对淫欲，但又认为男子的淫欲，是由女子不讲贞节造成的，要从讲究贞节入手，防止男子淫欲。于是社会上的贞节观念开始明确。

据《史记·货殖列传》，巴邑一位名叫清的寡妇，能守先人之业，"用财自卫，不见侵犯"。秦始皇"以为贞妇而客之，为筑女怀清台"。秦始皇重视贞节，主

要反映在他所立的几块刻石中。泰山刻石说："男女礼
顺，慎遵职事。昭隔内外，靡不清净。"会稽刻石更进
一步提出："饰省宣义，有子而嫁，倍死不贞。防隔内
外，禁止淫泆，男女洁诚。夫为寄豭，杀之无罪，男
秉义程。妻为逃嫁，子不得母，咸化廉清。"顾颉刚先
生在《秦始皇帝》中曾解释说：谓女子不可改嫁，均
应以廉正之寡妇清为师，故曰"咸化廉清"也。当然，
我们也应看到，会稽之地因越王勾践提倡早婚，设置
官妓，风俗比其他地方更为淫泆。秦始皇立会稽刻石，
与此不无关系。

　　由于统一大业初成，秦始皇还没有力量把贞节问
题搞得很完善、很彻底。秦代并没有形成完整系统的
贞节观念，这种完整系统的贞节观念，是在秦以后经
过历代封建统治者不断强化，逐步确立起来的。

　　代秦而起的刘汉王朝，尊崇儒术，推重礼法，继
承了秦代褒奖贞节的传统，并出现了官方正式褒奖贞
节的事情。西汉神爵四年（前58），汉宣帝诏赐贞妇
顺女帛（《汉书·宣帝纪》）。元始元年，平帝下令每
乡推举一名贞妇，免除其赋税徭役（《汉书·平帝
纪》）。王莽摄政时，"乃令太后四时车驾巡狩四郊，存
见孤寡贞妇"。东汉时，在贞节问题上，《白虎通义·
嫁娶》论述曰："夫有恶行，妻不得去者，地无去天之
义也。夫虽有恶，不得去也。故《礼·郊特牲》曰：
'一与之齐，终身不改'。"安帝又进一步旌表贞节。据
《后汉书·安帝纪》，元初六年（119），"诏赐贞妇有
节义谷十斛，甄表门闾，旌显厥行"。顺帝于永建元年

148

（126）正月颁布诏令："赐贞妇帛，人三匹。"（《后汉书·顺帝纪》）桓帝于建和元年正月颁布诏令："赐贞妇帛，人二匹。"（《后汉书·桓帝纪》）上行下效，河东太守杜畿"班下属县举孝子、贞妇、顺孙，复其徭役，随时慰勉之"（《三国志·魏志·杜畿传》）。梁相袁涣也"孝诸县'务存鳏寡高年，表异孝子贞妇'"（《三国志·魏志·袁涣传》）。由于朝廷旌表，社会上也遵从圣意，开始以贞节作为判断妇女言行的标准之一。成帝时，刘向编撰《列女传》，其中的《贞顺传》和《节义传》，收录了十余名节烈妇女，约占全书人物的百分之十，以此作为妇女节操的典范。东汉早期，班昭著《女诫》，明确提出了"从一而终"的要求，认为"夫妇之好，终身不离"。她称引古代礼法，强调"夫有再娶之义，妇无二适之文"，并且把丈夫比作天，指出"天固不可逃，夫固不可离"，主张妇女应"清闲贞静，守节整齐"。东汉后期，郑玄又进一步强调，"妇人无外事，惟以贞信为节"（《诗经·卫风·氓》郑笺）。

秦汉是贞节观念由宽泛到严格的一个过渡时期。秦朝重视贞节，但社会上贞节观念还是很淡薄的。秦简《法律答问》记录了许多奸淫案件，例如"臣强与主奸"、"同母异父相与奸"、"甲、乙交与女子丙奸"等，可见当时男女交往相当自由和随便。

汉代社会对妇女离婚再嫁也是默许的，无人制止，也有人愿娶，并不认为是什么可耻的事。除了西汉以来广为流传的文君夜奔的故事，朱买臣的婚姻故事也很有趣。朱买臣是武帝时人，早年家中贫困，靠打柴维持生计。妻子受不了这种苦，提出离婚。买臣挽留她说："我年五十当富贵，今已四十余矣。女苦日久，待我富贵报女功。"妻子不听。买臣就让她去了。妻子和别人成婚后，还多次周济买臣。过了几年，买臣当了太守，路上遇见故妻夫妇，便把他们接到自己的官舍。一个月以后，故妻感到懊悔，就自杀了（《汉书·朱买臣传》）。其他如陈平娶到的妻子，是"五嫁而夫辄死"的阳武户牖富人张负孙女。外黄富人之女在离开"庸奴"之夫后，改嫁张耳。

东汉社会对再嫁仍然看得很淡薄。如才女蔡文姬三次嫁人，先嫁给卫仲道，后嫁匈奴左贤王，生二子，再嫁董祀，并没有受到轻视和非议。据《后汉书·宋弘传》，汉光武帝的姐姐湖阳公主寡居，光武帝主动帮她挑选新夫。公主喜欢上大司空宋弘。光武帝召见宋弘，称引民谚"贵易交，富易妻"，并指出这是人之常情，以此说服宋弘。可见，至高无上的皇帝也将妇女再嫁视为一般之事。两汉至三国时期，娶寡妇之事也屡见不鲜，如汉高祖刘邦之薄姬，原是魏王豹的妻子。汉攻魏，豹被杀后，高祖遂"有诏纳后宫"。汉景帝的王皇后在入宫之前，曾嫁给金王孙，算命的说她可以当皇后，她的母亲便执意逼她离开金家，把她送入宫中，后来生下了汉武帝刘彻。其母亲臧儿也是先嫁王氏，后嫁田氏。东汉末年，鼎立天下的三国开国皇帝，都曾娶过寡妇。曹操多次纳寡妇：董卓之乱后，张济之侄张绣率众投降曹操，时张济已死，"太祖纳济妻，绣恨之"（《三国志·魏志·张绣传》）；何进死后，其儿媳"尹氏，为太祖夫人"（《三国志·魏志·曹爽传》）；曹操包围吕布后，关羽屡次向曹操请求娶秦宜禄前妻杜氏为妻，曹操"疑其有色，及城陷，太祖见之，乃自纳之"（《三国志·魏志·明帝纪》）。魏文帝曹丕在平定冀州之后，见袁熙的妻子甄氏"颜色非凡"，遂"纳后于邺"（《三国志·魏志·后妃传》）。刘备之穆夫人，原为刘瑁妻。刘瑁死后，穆氏"寡居，先主既定益州，而孙夫人还吴……于是纳后为夫人"（《三国志·蜀志·二主妃子传》）。吴主孙权之徐夫人"初适国郡陆尚。尚卒，权为讨虏将军在吴，聘以为妻"（《三国志·吴志·妃嫔传》）。这种再嫁现象在文学作品中也有所反映，如《孔雀东南飞》描述了刘兰芝与焦仲卿离婚后，很快就有人求婚："还家十余日，县令遣媒来。云有第三郎，窈窕世无双。"而且婚礼准备也很是隆重："交语速装束，络绎如浮云。青雀白鹄舫，四角龙子幡。婀娜随风转，金车玉作轮。踯躅青骢马，流苏金镂鞍。赍钱三百万，皆用青丝穿。杂彩三百匹，交广市鲑珍。从人四五百，郁郁登郡门。"

汉代的一些法令也要求妇女改嫁。据《汉书·晁错传》，汉文帝时，晁错上书，提出劝募内地百姓迁徙到北方边塞地区屯垦守边，并建议"其亡夫若妻者，县官买予之"。文帝接受了他的建议。文帝以及元、成、哀、平帝等，都曾允许某些后宫女子再嫁。为了使官奴婢更好地从事生产劳动，王莽曾命令有关官吏"易其夫妇"，就是让他们中间夫妻失散者重新配合。

151

十一　在贞节牌坊的背后

曹操甚至自己允许其妻妾在自己死后再嫁，"常以语妻妾，皆令深得此意。孤谓之言：'顾我万年之后，汝曹皆当出嫁。欲令传道我心，使他人皆知之也'"（《三国志·魏志·武帝纪》裴松之注引《魏武故事》）。这的确不同凡响。

魏晋南北朝时期，是历史上严重的分裂、混乱时期，儒家经学受到冲击，纲常名教遭到贬斥，妇女的地位一度提高，改嫁的事情也屡见不鲜。但是，这一时期又是各种社会矛盾和民族矛盾非常尖锐的时期，而每当处于这样的历史时期，各统治集团，包括汉化少数民族统治集团，都要起劲地表彰节烈，企图让人们像妇女守节那样效忠于自己，以维护其政权的稳定。所以这一时期的贞节观念显得颇为复杂，若从保守的一面来看，贞节观念在前代的基础上似乎愈益增强。

当时的某些统治集团和儒家思想家依然鼓吹贞节。西晋潘岳在《答挚虞新婚箴》中侈谈"膏不厌鲜，女不厌清"。裴颁和张华都曾作《女史箴》，极重贞操，主张"妇德尚柔，含章贞吉"，要妇女"婉嫕淑慎，正位居室"。不少女子仍然受着传统观念的毒害，演着一幕幕历史悲剧。前赵时，陕县（今属河南）一位女子，"不知姓字"，十九岁死了丈夫，但依然"事叔姑甚谨"。"其家欲嫁之，此妇毁面自誓"，坚决不从。后被诬致死。前赵皇帝刘曜追谥她为"孝烈贞妇"（《晋书·列女传》）。

南朝出了不少烈女。梁时，有一个姓王的女子，嫁给卫敬瑜为妻，十六岁死了丈夫，父母、公婆劝她改嫁，她"誓而不许，乃截耳置盘中为誓乃止"。地方官嘉其美节，为她建造了门楼，题曰"贞义卫妇之阁"（《南史·孝义传》）。还有个叫万晞的妇女，年纪轻轻就守了寡，也没生孩子，但她很孝敬公婆。父母强迫她再嫁，"她誓死不许"，太守"赐以束帛，表其节义"（《梁书·止足传》）。

北朝也很重贞节。北齐大臣羊烈"家传素业，闺门修饰，为世所称，一门女不再嫁"。北魏太和年间，羊家曾于兖州（今属山东）造一尼寺，"女寡居无子者，并出家为尼"，住在寺内。为此羊烈常标榜自己家族"男清女清"，"百代传美"（《北齐书·羊烈传》）。

隋唐时期，妇女仍拥有一定地位，改嫁较为自由。唐太宗为增加人口鼓励鳏寡者再婚，如贞观元年二月诏："孀居服纪已除，并须申以婚媾，令其好合，若守志贞洁，并任其情，无劳抑以嫁娶。"（《通典》卷五十九《礼·男女婚嫁年纪议》）《新唐书·太宗本纪》说："鳏夫六十，寡妇五十，妇人有子若守节者勿强。"但是随着政治危机的日益加重，随着士族势力的重新抬头，从唐朝中期开始，为了适应士族对婚姻的要求，并从礼法上维护李唐王朝的统治，帝王也注意提倡贞节，还通过政令限制妇女再嫁。穆宗时，襄阳公主淫乱事败，便被"幽禁于宫中"（《旧唐书·李宝臣传》）。据《新唐书·诸帝公主传》，宣宗曾下诏说："夫妇，教化之端。其公主、县主有子而寡，不得复嫁。"翻检《新唐书·诸帝公主传》，自代宗以后，不言有再嫁者。这固然与后半部分传文简略有关，但是代宗以后诸帝公主共有112人，传中只字未提再嫁事，除了客观上再嫁者甚少以外，只能说明这一时期开始注重名节，妇女再嫁已经受到约束。相对来说，受约束更多的主要集中在中上层家庭的妇女，不得改嫁的主要是皇室女性及命妇。隋朝规定"九品以上妻，五品以上妾，夫亡不得改嫁"（《隋书·高祖纪》）。唐朝规定："自今以后，先降嫁公主县主，如有儿女者，并不得再请从人；如无儿者，即任陈奏，宜委宗正等批准此处分。"（《唐会要》卷六）宋、辽、元、明时期也往往都有这种针对上层女性再嫁的限制，上层女性因其夫的权势而拥有一定的身份地位，所以必须为之守节。

唐德宗时，才女宋若华（一作莘）著《女论语》，"敬戒相承，教训女子"，并以"贞节柔顺"为中心内容。她说："凡为女子，先学立身。立身之法，惟务清贞。清则身洁，贞则身荣。"她提出，丈夫不幸早死，应服丧三年，保持家业，整顿坟茔，殷勤训后。比起班昭《女诫》，《女论语》中守节的调子明显增强了。

这一时期，从一而终的贞妇已经受到社会舆论的推崇。孟郊曾写诗赞扬贞妇，如《烈女操》说"贞妇贵徇夫，舍生亦如此。波澜誓不起，妾心古井水"，《去妇》称"一女事一夫，安可再移天"。比孟郊略晚的白居易则从批判的角度，在《妇人苦》一诗中揭露了当时丈夫死后，妇女要守节的不平等现象："妇人一丧夫，终身守孤子。有如林中竹，忽被风吹折。一折不重生，枯死犹抱节。男儿若丧妇，能不暂伤情？应似门前柳，逢春易发容。风吹一枝折，还有一枝生。为君委曲言，愿君再三听：须知妇人苦，从此莫相轻。"慨叹妇女悲惨命运的还有一首《蜀路石妇》："道傍一石妇，无记复无铭。传是此乡女，为妇孝且贞。十五嫁邑人，十六夫征行。夫行二十载，妇独守孤茕。其夫有父母，老病不安宁。其妇执妇道，一一如礼经。晨昏问起居，恭顺发心诚。药饵自调节，膳羞必甘馨。夫行竟不归，妇德转光明。后人高其节，刻石像妇形。俨然整衣巾，若立在闺庭。似见舅姑礼，如闻环珮声。至今为妇者，见此孝心生。不比山头石，空有望夫名。"

由于以贞妇作为判断妇女善恶的重要依据，恪守贞节，从一而终，成为大多数女子的共同心态。不少中毒很深的妇女，甘心为封建贞节观念殉葬。有些被弃女子，不愿再嫁，还要为故夫死守。一些年轻丧夫者，则为得一个"节妇"的虚名而终身守寡。据唐代张鷟《朝野佥载》卷三载，沧州弓高邓廉妻李氏，出嫁不到一年就死了丈夫。当时只有十八岁的李氏一直守志寡居，布衣蔬食六七年。后来常在夜里梦见一个男子求婚。李氏悲叹说："吾誓不移节，而为此所挠，盖吾容貌不衰故也。"于是她拔刀截发，麻衣不濯，蓬鬓不理，垢身灰面。从此便没有再梦见求婚男子。李氏因而得到官方称赞，郡守旌其门闾。成书于五代的《旧唐书·列女传》说："女子禀阴柔之质，有从人之义。前代志贞妇烈女，盖善其能以礼自防。"成书于宋朝的《新唐书·列女传》说："唐兴，风化陶淬且数百年，而闻家令姓窈窕淑女，至临大难，守礼节，白刃不能移，与哲人烈士争不朽名，寒如霜雪，亦可贵矣。"由之可见彼时人们的贞节观念。

五代以后，人们又用缠足来约束广大妇女。"步步金莲"的故事标志着妇女缠足的开始。南唐后主李煜的一个宫嫔名叫窅娘，美丽善舞。后主命人以金子为材料，制作了一朵六尺高的莲花，让窅娘用帛缠足，纤巧弯曲如新月，再套上白色的袜子，然后在莲花上起舞，轻盈回旋，飘飘然若水仙乘波一般。

宋太祖灭了南唐，但缠足的发明被保留下来，并得到推广。女子畸变了的又小又尖又弓的"三寸金莲"，已经作"掌上看"了。元朝时更有人拿妓鞋行酒。明顾元庆《云林遗事》说："杨廉夫耽好声色。一日与倪瓒会饮友人家。廉夫脱妓鞋置酒杯其中，使座客传饮，名曰鞋杯。倪素有洁癖。见之大怒，翻案而起，连呼龌龊而去。"到了明清时代，竟出现了"拜脚狂"的风气，"三寸金莲"成了女性美的重要标志。当初李后主发明妇女缠足，纯粹是为了寻欢作乐，把妇女当成玩赏的工具。后来人们在无形中发现，妇女缠足还有一个好处，即可以限制她们的活动范围，以免她们离家外出，参与社交，发生淫荡之事。缠足给中国妇女带来了极大的痛苦，肢体遭到摧残，精神也备受压抑，使她们更加依附和顺从男子，成为男性特权的牺牲品。

就贞节观念而言，在漫长的历史发展过程中，呈现出逐渐明确和严格的趋势。但即使到宋代特别是北宋初期，妇女改嫁的现象仍是屡见不鲜。范仲淹的母亲曾改嫁朱姓，仲淹也曾改名朱说，做官以后才又改回姓范。遇上皇帝恩赐，他也还总是先分给朱姓子弟。他的儿子纯祐早死，后来他的门生王陶死了妻子，他便将寡媳嫁给了王陶。范仲淹还主张社会应该为妇女改嫁提供一些方便。他的《义庄规矩》，准许给予寡妇再嫁的费用。王安石的儿子王雱，长期患有精神病。媳妇庞氏过门，生了个孩子，王雱觉得长得不像自己，就千方百计地要把孩子杀掉。结果孩子被吓死了。王雱还整日与庞氏吵架。于是，王安石便主动为庞氏另找了对象，让她改嫁了。另外像岳飞前妻刘氏、陆游前妻唐婉等，都曾改嫁另适。宋代妇女仍视改嫁为常事。得病的丈夫还没死，"即括奁结囊，求他耦而适者多矣"（《事实类苑·忠孝节义》）。对这种现象，宋人史料笔记中多有记述。有人统计洪迈《夷坚志》所载妇女改嫁事例，竟达 61 起，其中再嫁者 55 人，三嫁者 6 人。这说明妇女保守贞节，还没有积淀成社会的普遍意识。

赵宋政权也并不反对妇女改嫁。法律规定，不仅寡妇、出妻能够再嫁，而且在一定条件下，如丈夫"移乡编管"、"出外三年不归"，甚至夫妻关系不好，感情破裂，即"不相安谐"，女方可以主动离婚再嫁。无故阻止寡妇改嫁，还会受到政府的处罚。南宋末年，一个乡下人名叫李孝德，到官府控告寡嫂阿区"以一妇人而三易其夫"。案子由名臣胡颖审理。胡颖认为阿区在丈夫死后，或嫁或不嫁，自己完全有决定权。他斥责李孝德是"小人不守本分，不务本业，专好论诉"，并宣布阿区无罪，而李孝德则被处以"杖一百"的刑罚。（《名公书判清明集·户婚门》）另外，阻止寡妇再嫁，也成了一些士大夫遭受弹劾的罪状。仁宗时，参知政事吴育的弟媳李氏"有六子而寡"，以后多年未嫁。御史唐询借此大做文章，竟向皇帝上奏，谴责吴育"弟妇久寡不使更嫁"（《宋史·唐肃传》）。

不过，还应看到，宋代离婚再嫁虽然被允许，但是当时已经出现了离婚天谴的说法，即以离婚为可耻，为不道德。同时，男子们产生了对处女的嗜好，离婚和寡居的妇女已经不像以前那样与处女有同等的价值，娶寡妇为妻也往往被讥为"旧店新开"。这与宋代理学对社会婚姻生活的影响是分不开的。

宋代理学家们非常重视传统礼教，重视伦理纲常。张载曾有《横渠女诫》，主张妇女婉嫣柔顺，无非无仪。周敦颐更在《通书》中提出，治天下的根本在于治身，治天下的法则在于治家，而治家的关键又在于治妇女，强调"家人离，必起于妇人"。在他们眼里，家中的妻妾就如同国中的臣民。臣民必须治服，妻妾也必须御顺。他们把夫为妻纲，男尊女卑的不合理社会现象，加以合理性的肯定，使其在中国封建社会开始走下坡路的情况下，具有更大的诱惑力。

北宋后期，理学家的代表人物程颐，又将以前较为宽泛的贞节观念发展到绝对化的程度，再次为妇女定下了从一而终的禁条。据《河南程氏遗书》卷二十二下，程颐的弟子问："孀妇于理，似不可取，如何？"
程颐回答："然。凡取以配身也。若取失节者以配身，
是己失节也。"弟子又问："或有孤孀贫穷无托者，可
再嫁否？"程颐回答说："只是后世怕寒饿死，故有是
说。然饿死事极小，失节事极大。"在这里，程颐明确
宣布，寡妇不能再嫁。即使家境贫困，生活无着，快
要饿死冻死的寡妇，也须从一而终，不可再嫁二夫。
男子也不能娶寡妇为妻。再嫁之妇无妇节，与失节之
人相配，也降低了自己的人格，是"己失节"。尤其不
合理的是，妇女要从一而终，丈夫却可以以各种借口
休妻。程颐说："妻不贤，出之何害……妻有不善，便
当出也。"（《河南程氏遗书》卷十八）程颐也曾要求
男子不再娶，执行"终身夫妇"的契约，但又把范围
限制在大夫以上，而这些人有众多的妃妾作为补充，
无所谓再娶不再娶。自大夫以下有不得已而娶的，是
为了侍候公婆，料理家事，供奉祀礼，以适应宗法制
度的需要。

　　到了南宋，朱熹在鼓吹夫为妻纲的同时，继承了
程颐关于妇女守节的主张，使其成为封建礼教的重要
内容，并借助政治权势予以大力推行。他几次要求地
方官吏推举节妇依条旌赏。他强调，夫丧改嫁，便是
无恩（《揭示古灵先生劝谕文》）。在《知南康榜文》
中，他推崇节妇陈氏，将守节说成是"天性人心不易
之理"。为了逼使妇女守节，朱熹还提出"嫁母生不可
以入于庙，死不可以附于庙，而亦不可以养于家"。但
宗法制度提倡孝道，这种对待母亲的方式显然是不合

159

适的。于是朱熹又提出了一种事实上人们难以接受的屈辱性办法。他说，做儿子的要对母亲尽孝，便应"率其妇子，就母之家，或舍其侧而养之，不幸而无以为家，则筑室于外可也"（《朱子学归》卷十三）。这实际是在宣告母亲再嫁是羞辱儿女的行为，从而把丈夫、社会要求妇女保守贞节，发展到儿女要求母亲保守贞节。对贞节观念的推重，已经到了无以复加的程度。不过，理学在宋代还没有取得独尊的地位，对政府政策和社会风尚影响还不很大，而且理学家们自己就没有身体力行，如程颐曾默许侄媳改嫁，还操持甥女再醮。这样就出现了前面提到的改嫁较为常见的现象。

建立元朝的蒙古人，保留着大量的婚姻旧俗。但受到中原文化环境的影响和改造，元朝统治者又以儒术治国，理学得到尊崇，妇女守节也开始成为社会的共同意识。《元史·列女传》中记载："东平郑氏，大宁杜氏，安西杨氏，并少寡守志，割体肉疗姑病。……兴和关氏，自割其面；冀宁田济川妻武氏，溧水曹子英妻尤氏，啮指滴血，并誓不更嫁。"《元典章》规定："今后举节妇者，若三十以前夫亡守志至五十以后，晚节不易，贞正著名者，听各处邻佑社长明具实迹，重甘保结申复。"据陶宗仪《辍耕录》卷十五，中书平章库库岱的妾高丽氏，在丈夫死后，立誓不再改嫁，并削发为尼。明善《节妇马氏传》载，大德年间，马氏乳生疡，有人提出请医生治疗。马氏却说："吾，杨氏寡妇也，宁死，此疾不可男子见。"结果致死。而七姬殉节的故事，最令人咄咄不平。张士诚的女婿潘元绍，降元后镇守姑苏（今江苏苏州）。朱元璋派徐达来攻。元绍出战前要求他的七个姬妾自尽全节。她们全都自杀了，而那个潘元绍却投降了明朝（朱象贤《闻见偶录》）。元朝仅存98年，但明初所修《元史》中的《列女传》竟收录了187人，其中绝大多数为节烈女子，大大超过以前的正史。

到了明代，随着程朱理学占据思想文化领域的统治地位，封建政权又进一步强化社会的贞节观念，实行了一系列表彰节烈的制度。据《明会典》等载，洪武元年（1368），明太祖诏令："民间寡妇，三十以前夫亡守志，五十以后不改节者，旌表门闾，除免本家差役。"太祖还令巡方督学，岁上其事，著为条规，大者赐祠祀，次亦树坊表。明武宗正德六年（1511）下令："近年山西等处，不受贼污贞烈妇女，已经抚按查奏者，不必再勘，仍行有司各先量与银三两，以为殡葬之资；仍以旌善亭傍，立贞节碑，通将姓字年籍镌石，以垂永远。"从此，立贞节牌坊之风兴盛起来。

在贞节牌坊日渐增多的同时，人们对妇女节烈的要求又有了进一步发展。不但丈夫死了要守节，而且订过婚的女子，未出嫁时丈夫死了，也要尽节。还有的女子受到调戏，也总要寻死。贞节这事在当时几乎变成了迷信和教条，母诫其女，姑诫其妇，夫诫其妻，可谓声势浩大。据《明史·列女传》，政和（今属福建）人游铨之妻张氏，于倭寇来犯之时，多次对女儿说："妇道惟节是尚，值变之穷，有溺与刃耳。汝谨识之!"她还对丈夫说："使妇与女能如此，祥孰大焉。"不久，倭寇攻陷政和，张氏考虑到难以脱身，就连声呼喊女儿："省前诲乎?"女儿点点头，接着跳入井中。张氏随后也含笑跳下去。明代二百多年间，见于记载的节妇烈女达 2500 余人，约为前此两千年的 20 倍。未见记载的，更是不计其数。人们把贞节看得比妇女的生命还重。妇女的生命，只不过是第二生命，贞节却是其第一生命。另外，寡妇改嫁已经开始受到社会的谴责。

由于女子守节可以立牌坊旌表，而且还可以免除本家的徭役，便有一些族人无端干涉寡妇改嫁，强使其守节。更有甚者，为了贪图荣利，将寡妇的年龄冒填报上。针对这种情况，明宪宗于成化元年（1465）奏准："如有扶同妄将夫亡时年已三十以上，及寡居未及五十妇人，增减年甲举保者，被人首发或风宪官覆勘得出，就将原保各该官吏并委官里老人等，通行治罪。"（《明会典》）寡妇守节，竟闹出作伪生弊之事，真是不可思议。

清朝贵族统治中国以后，虽然其内部存在着相当落后的婚姻习俗，但是为了维护专制政权的需要，他们在全国推行更加严格的褒奖贞节的政策，使得贞节观念极其盛行。史称："圣朝之彰阐贞节，靡远弗届也。"（邵晋涵《南江文钞》卷六）如雍正时，"朝廷每覃恩，诏款内必有旌表孝义贞节之条，实系矩典"（《清世宗实录》卷四）。经此倡导与渲染，有清一代，贞节鼓噪喧腾不已，尤其在民间，更是甚嚣尘上，

"'饿死事小，失节事大'之言，则村农市儿皆耳熟焉。自是以后，为男子者，率以妇人之失节为羞而憎且贱之"（《方苞集》卷四）。清政府还对一些节烈行为做了具体规定，而且范围更广。比如明确规定节妇是指自三十岁以前，一直到五十岁以后都在守节的妇女。另外，未到五十岁，但三十岁以前守节，五十岁以前就去世的，也算是节妇，俱准旌表。这些节妇没有随夫去死，大多是因为要为丈夫抚养未成年的后代和侍奉公婆。清代旌表条例还规定，凡遇强暴不从致死，或羞愤自尽，以及夫亡殉节的，是烈妇烈女。许嫁未婚，夫死而闻讣自尽，或夫死而哭往夫家守节的，算是贞女。这样，妇女保守贞节，已经变成宗教化的主张，几乎到了不顾事实，不讲理智的地步。乾隆年间，河南新野有一个名叫李柜摘的人，是个"隐宫"患者，生理机能不全。他妻子陈氏难以忍受，"不安其室"，常常逃回娘家。陈氏的父亲陈惟善不满女儿的这种行为，多次亲自送她回李家。一次，陈惟善从李家出来，刚走到半路，女儿又跑出来了。陈惟善大为恼火，便将她活活缢死，自己随后也自杀了（钱大昕《潜研堂文集》卷四十七）。类似这样的事，有清一代是非常之多的，甚至在文学作品中也屡有反映。《儒林外史》中年过六十的徽州府穷秀才王玉辉在三女婿死后，极力劝说女儿殉夫："这是青史上留名的好事，我今天就回去叫你母亲来和你诀别。"八天以后，女儿穿着孝服绝食而死，妻子痛哭不已，他却说："你哭她怎的？只怕我将来还找不到这样一个好题目死哩！"并仰天大笑

163

说："死得好，死得好！"当时贞节观念宗教化的最无理的表现，莫过于未嫁尽节和室女守志了。"闽风生女半不举，长大期之作烈女"，一直为志乘所褒，口碑所颂。"女儿贪生奈逼死"，"婿死无端女亦亡，鸩酒在樽绳在梁"，女儿家自然"断肠幽怨填胸臆"，换来的不过是"族人欢笑女儿死，请旌藉以传姓氏"，殊不知"三尺华表朝树门，夜闻新鬼求还魂"（俞正燮《癸巳类稿》卷十三），其情状之凄惨令人扼腕叹息。还有些女子，见了男性生殖器，便认为玷污贞节，除非嫁给那人，否则就要羞愤自杀，真是荒唐至极。那种过门守贞，更是摧残人性。完婚前未婚夫去世，未婚妻要到夫家为他守贞。过门时还需举行一种仪式，即所谓抱灵牌成亲。往往也有在未婚夫病危时就过门"冲喜"的。

还有些女子，一方面深受礼教影响，夫死要守节，另一方面又要抚育子女，难以两全，最终只能忍受丧失名节的屈辱，换得夫家骨血的延续。俞樾《右台仙馆笔记》卷四记载了这样一个故事：松江邹生娶妻乔氏，生一子阿九，刚周岁而邹死。乔守志抚孤，家境小康，母子尚可生存。后来发生变故，乔氏想一死以自全，但孩子又非母不活，犹豫不决。晚上梦见丈夫说："吾家三世单薄，今止此一块肉，吾已请于先亡诸尊长矣。汝宁失节，毋弃孤儿。"乔氏认为丈夫所言有理，但妇人毕竟要以节为重，意仍未决。后来丈夫和公婆托梦告诫："为汝一身计，则以守节为重；为吾一家计，则以存孤为重。愿汝为吾一家计，勿徒为一身计。"后来乔氏忍辱偷生，托身于贼，并说："若爱妾者，愿兼爱此儿，此儿死妾亦死矣。"母子得全。后来寻找机会逃脱，又不幸落入娼家。依然选择抚养儿子为上。数年后，阿九长成，送其读书。后来自蓄钱赎身，带阿九归松江，从其兄弟以居。阿九长大，为之娶妇后，设祭拜公婆和丈夫："曩奉命存孤，幸不辱命。然妇人究以节为重，我一妇人，始为贼贞人，继为娼，尚何面目复人世乎？"完成公婆和丈夫的遗愿，抚养孩子长大成家之后，自己的生命也走到了终点。俞樾说："若所失者，一身之名节，而所存者祖父之血食，则又似祖父之血食重而一身之名节轻矣！"可见，弱女子肩上背负之重，其韧性之强大，岂是几句话可以简单评判的！鲁迅先生在《我之节烈观》中所说："节烈难么？答道，很难。男子都知道极难，所以要表彰他。""节烈苦么？答道，很苦。男子都知道很苦，所以要表彰他。"而饱受凄苦的是女子。清人沈起凤撰写的《谐铎》卷九有《节妇死时箴》，叙述荆溪某氏，年十七出嫁，半年后守寡，遗腹生一子，她抚孤守节，活到八十岁。临终前召孙曾辈媳妇告诫道："吾有一言，尔等敬听……尔等作我家妇，尽得偕老白头，因家门之福；倘不幸青年寡居，自量可守则守之，否则上告尊长，竟行改醮，亦是大方便事。"众人以为她说的是昏话。她说了自己所受的煎熬和数十年来内心之凄楚："晨风夜雨，冷壁孤灯，颇难禁受。……知守寡之难，勿勉强而行之也。"命其子记下作为家法。据说，这家人后来宗支繁衍，代有节妇，间或也有改嫁

十一 在贞节牌坊的背后

165

的女子。但百余年来，家风都很好，没有伤风败俗的事发生。

社会上对处女的要求也日甚一日。明代出现了假托前人所撰，描写女子裸体检查的《杂事秘辛》和《张皇后传》，还出现了对入选后宫的女子进行裸体检查的稳婆。到清代，常有结婚后新郎说新娘不是处女而毁婚的现象，北方尤为严重。俞樾《右台仙馆笔记》卷三就载有这类事情。当时验红的陋习十分普遍。新婚初夜，行过房后，新娘要见红。红滴在白绢子上，不但新郎要看，有时连宾客和男方家长都要传阅。大家还会交口赞叹新娘的贞洁。如果新娘不落红，新郎及其家长便感到十分难堪，新娘也会终生遭人非议和辱骂，甚至被赶回娘家。唯处女意识的出现，标志着妇女人格的完全丧失。

随着贞节观念的加强，对女子的道德训教也有了进一步发展，其中最重要的，是《内则》和《女范捷录》这两部女教著作的出笼。《内则》为明成祖的徐皇后所作，最初只是给皇太子、诸王看的。徐皇后死后，成祖将它颁行全国。《内则》全书十二章，以"德性"、"修身"为始，强调"上下之分"和"夫妇之道"，提出"事君者不可以不慎"，"诸侯、大夫、士、庶人之妻，能推是道以事其君子，则家道鲜有不盛矣"。它还说："女德有常，不逾贞信；妇德有常，不逾孝敬。"由于《内则》偏重后妃而于民间妇女较少涉及，尽管它比较流行，但是远不及班昭《女诫》和宋若华《女论语》影响之大。然而"上有好者，下必甚焉"，《内则》的颁行对当时重视节烈风气的盛行，起了推波助澜的作用。明代还开始出现"女子无才便是德"的论调，逐渐剥夺了妇女接受文化教育的权利。

明末以后，女教著作更为繁富，而流传最广、影响最大的当推王相母亲刘氏的《女范捷录》。王相是明末清初学者，他曾把他母亲写的《女范捷录》，同以前的《女诫》、《女论语》、《内则》合刊在一起，称作《女四书》，并加了笺注，成为后来妇女道德教育的重要教科书。《女范捷录》十一篇，继承了以往女教中最消极的东西，并使其宗教化，充满顽固、愚昧和腐朽的内容。它开首就说："乾象乎阳，坤象乎阴，日月普两照之仪；男正乎外，女正乎内，夫妇造万化之端。"它认为，"父天母地，天施地生，骨相像父，性气像母"，强调"忠臣不事两国，烈女不更二夫，故一与之醮，终身不移，男可从婚，女无再适"。

越来越严格的贞节观念，勒紧了束缚中国妇女的政权、神权、族权、夫权四条绳索，戕害了一代又一代的善良女性。在贞节牌坊的背后，是万万千千妇女的斑斑血泪和堆堆枯骨。

十二 娼妓·面首·宦官
及其所组成的家庭

　　英国著名思想家罗素在《婚姻革命》一书中指出，卖淫制度属于婚姻制度的一部分，而娼妓的产生则同家庭生活密切相关。娼妓在我国出现很早。首先是官妓，即官方经营的娼妓。春秋初年，齐国管仲为桓公设"女闾"。《战国策·东周策》说齐桓公宫中有"女闾七百"，就是说桓公在宫中修筑里巷，开了七百个门户，让女子住在里面，既能供自己享乐，又可以优待游士。"女闾"中的女子主要是从别国掳掠来的女奴。春秋末年，为了鼓舞士气，战胜吴国，越王勾践将犯有过失的寡妇集中在一座山上，用来"游军士"，"其士有忧思者令游山上，以喜其意"（《越绝书·外传·记地传》等）。这些可以看做是关于娼妓的最早记载。

　　战国时代，娼妓发达，官妓之外，又有私娼。《史记·货殖列传》说："中山地薄人众，犹有沙丘纣淫地余民，民俗懁急，仰机利而食。丈夫相聚游戏，悲歌慷慨，起则相随椎剽，休则掘冢作巧奸冶，多美物，为倡优。女子则鼓鸣瑟，跕屣，游媚贵富，入后宫，

168

遍诸侯。"又说："赵女郑姬，设形容，揆鸣琴，揄长袂，蹑利屣，目挑心招，出不远千里，不择老少者，奔富厚也。"这里所描述的情景，与后来职业性"游娼"，何其相似！

汉代淫风日烈，此可由枚乘《七发》略知一二："纵耳目之欲，恣支体之安者，伤血脉之和。且夫出舆入辇，命曰蹷痿之机；洞房清宫，命曰寒热之媒；皓齿蛾眉，命曰伐性之斧；甘脆肥醲，命曰腐肠之药。今太子肤色靡曼，四支委随，筋骨挺解；血脉淫濯，手足惰窳。越女侍前，齐姬奉后，往来游宴，纵恣乎曲房隐间之中。此甘餐毒药，戏猛兽之爪牙也。所从来者至深远，淹滞永久而不废，虽令扁鹊治内，巫咸治外，尚何及哉！今如太子之病者，独宜世之君子，博见强识，承间语事，变度易意，常无离侧，以为羽翼。淹沉之乐，浩唐之心，遁佚之志，其奚由至哉！"此外，又出现了营妓。营妓是官妓的一种，即军营中的娼妓。明人《正字通》引《万物原始》说："汉武始置营妓，以待军士之无妻室者。"实际上这种营妓只不过是沿袭了齐桓公"女闾"、越王勾践"游军士"之制。

早在营妓产生之前，汉朝就有妇女抑配军营的现象，"群盗妻子徙边者随军为卒妻妇，大匿军中"（《汉书·李广传》）。但这种抑配法容易扰乱军中秩序，削弱军士的战斗力。于是，汉武帝建立了营妓制度。充当营妓的人，大都是当时的官奴婢。汉代官奴婢多至十余万人，其来源主要是罪犯的家属。汉代法律规定，丈夫和父兄犯罪，妇女都要被没入官府为奴。这个规定为后来历代王朝所继承。官奴婢们受着非人的待遇，肉体任人蹂躏。

魏晋南北朝时期，统治阶级通过武力掠夺，横征暴敛，积聚了无数财富，过着奢侈、腐朽的生活。他们家里养着许多美女，既不是妾，也不是婢，后人称之为家妓。家妓大半能歌善舞，地位较妾为低，而在婢之上。家妓已经普遍成为统治者随意杀戮、发泄情欲的对象。晋代王恺和石崇争奢斗富，王恺请人吃饭，命女妓吹笛，稍失声韵，便将她打死。石崇宴享宾客"常令美人行酒。客饮酒不尽者，使黄门交斩美人"（《世说新语·汰侈》）。石崇美艳家妓数千，其中翔风最以文辞擅爱（王嘉《拾遗记》卷九），绿珠则以备受宠爱、结局凄美著称："崇即谷制园馆绿珠。绿珠能吹笛，又善舞《明君》，崇自制《明君歌》以教之，又制《懊恼曲》赠焉。赵王伦乱常，贼类孙秀使人求绿珠。崇方登凉观，临清水，妇女侍侧。使者以告，崇出侍婢数百人以示之，皆蕴兰麝而披罗縠，曰：'任所择。'使者曰：'君侯服御，丽矣。然受命指索绿珠，不知孰是？'崇毅然作色曰：'吾所爱，不可得也。'使者曰：'君侯博古通今，察远见迩，愿加三思。'崇曰：'不然。'使者出而复返。崇竟不许。秀怒，乃譖伦族之。收兵忽至。崇谓绿珠曰：'我今为尔获罪。'绿珠泣曰：'愿效死于君前。'崇因止之，遽堕楼而死。"（冯梦龙《情史》卷一）当时蓄养家妓，狎玩女子的权贵富豪还有不少。例如《宋书·阮佃夫传》说：佃夫"妓女数十，艺貌冠绝当时，金玉锦绣之饰，宫掖不逮也"，后来见何恢妓妾张耀华，欲图谋之，遭到拒绝，竟然利用职权弹劾何恢："庐江何恢有妓张耀华美而有宠，为广州刺史将发，要佃夫饮，设乐，见张氏，悦之，频求。恢曰：'恢可得，此人不可得也。'佃夫拂衣出户，曰：'惜指失掌邪？'遂讽有司以公事弹恢。"他如《梁书·夏侯夔传》说：夔"性奢豪，后房妓妾罗縠，饰金翠者亦有百数"。《魏书·高聪传》说："聪有妓十余人，有子无子皆注籍为妾，以悦其情。"《魏书·献文六王传·高阳王雍传》：元雍在"元妃卢氏薨后，更纳博陵崔显妹，甚有色宠，欲以为妃。世宗初以崔氏世号'东崔'，地寒望劣，难之，久乃听许。延昌已后，多幸妓侍，近百许人，而疏弃崔氏，别房幽禁，不得关豫内政，仅给衣食而已。至乃左右无复婢使，子女欲省其母，必启闻，许乃得见。未几，崔暴薨，多云雍殴杀之也。灵太后许赐其女妓，未及送之，雍遣其阉竖丁鹅自至宫内，料简四口，冒以还第。"又如《周书·李迁哲传》："迁哲累叶雄豪，为乡里所服。性复华侈，能厚自奉养。妾媵至有百数，男女六十九人。缘汉千余里间，第宅相次，姬媵之有子者，分处其中，各有僮仆侍婢阍人守护。迁哲每鸣笳导从，往来其间，纵酒欢宴，尽生平之乐。"

北魏政权将强盗的妻子和女儿配为乐户："诸强盗杀人者，首从皆斩，妻子同籍，配为乐户；其不杀人，及赃不满五匹，魁首斩，从者死，妻子亦为乐户。"（《魏书·刑罚志》）乐户就是女乐，也就是娼妓。南朝也一直沿袭汉代的营妓制度。当时还出现了色美才高的两位名妓，一个是姚玉京，写有《赠燕诗》，一个是苏小小，撰有《西陵歌》。其中苏小小的轶事经唐宋至明清，在文人墨客的诗篇中频繁出现。如白居易的《杨柳枝词》其二："苏家小女旧知名，杨柳风前别有情。剥条盘作银环样，卷叶吹为玉笛声。"又如李贺的《苏小小墓》："幽兰露，如啼眼。无物结同心，烟花不堪剪。草如茵，松如盖，风为裳，水为佩，油壁车，久相待，冷翠烛，劳光彩，西陵下，风吹雨。"

随着经济文化的繁荣和发展，随着统治阶级剥削、压迫的日益加剧，唐代娼妓大量增多，其来源，除了被没入官府的罪人妻女，还有被卖入娼门的贫家女子，彼时人称为"养瘦马"，白居易诗《有感三首》之一即云："莫养瘦马驹，莫教小妓女。后事在目前，不信君看取：马肥怕行走，妓长能歌舞。三年五岁间，已闻换一主。"赵翼《陔馀丛考·养瘦马》也说"扬州人养处女卖人作妾，俗谓之养瘦马"。唐代娼妓分为宫妓、官妓，还有家妓。

宫妓是专供帝王们使唤的。《开元天宝遗事》卷下载，"明皇与后妃，每至酒酣，使妃子统宫妓百余人，帝统小中贵百余人，排两阵于掖庭中，目为风流阵，以霞被锦被张之，为旗帜攻击相斗，败者罚之巨觥以戏笑"。其中"宫妓永新者善歌，最受明皇宠爱"。亲王的王宫中也有宫妓。据《开元天宝遗事》卷上"申王每醉，即使宫妓将锦采结一兜子"，让宫妓抬着回寝室，宫内称为"醉舆"。"申王每至冬月，有风雪苦寒之际，使宫妓密围于坐侧，以御寒气。"申王把这叫做"妓围"。后来竟然成了典故，陈师道《立春致语》："妓围窈窕，争唱舍人之诗。"又王安修《方山朝雪用昌黎山石诗韵》："凄神寒骨非人世，底须软暖夸妓围。"

　　唐代官妓最盛。京都长安设有教坊，名为掌管女乐的官署，实即妓院，京中诸妓籍属教坊。唐人崔令钦曾撰《教坊记》对开元、天宝年间的教坊故事有所追记，其中提到："妓女入宜春院，谓之内人，亦曰前头人。常在上前，若其家犹在教坊，谓之内人家。敕有司给赐同十家，虽数十家，犹故以十家呼之。每月二日十六日，内人母得以女对，无母则姊妹若姑一人对，十家就本落余内人并坐内教坊对，内人生日则许其母姑姊妹等来对，其对所如式。"可见宜春院妓女地位略高些，而云韶院的地位低贱些："楼下戏出队，宜春院人少，即以云韶添之，云韶谓之宫人，盖贱隶也，非直美恶殊貌，居然易辩明。内人带鱼，宫人则否，平人女以容色选入内者，教习琵琶三弦箜篌筝等者，谓搊弹家。"长安平康里妓院最为集中，被人称为"风流薮泽"，因在城北，又称北里。唐代孙棨《北里志》记述长安官妓的情况说，妓分三曲，大致同于现在的三等。南曲、中曲为优等，声价较高。"妓中有铮铮者，多在南曲、中曲"，"其中诸妓，多能谈吐，颇有知书言语者。自公卿以降，皆以表德呼之，其分别品流，衡尺人物，应对非次，良不可及。信可辍叔孙之朝，致杨秉之惑。比常闻蜀妓薛涛之才辩，必谓人过言，及睹二三子之徒，则薛涛远有惭德矣"。达官贵人、新科进士经常邀游北里，挟妓宴聚。扬州为盐铁转运使住地，商贾如云，官吏众多，是娼妓最有名的城市。"每重城向夕，娼楼之上，常有绛纱灯万数，辉罗耀列空中，九里三十步，街中珠翠填咽，邈若仙境"（于邺《扬州梦记》）。唐代官吏宿娼之风更盛，朝廷法纪对此并无禁令。白居易任杭州刺史时，曾终日携妓游玩。宋人龚明之在《中吴纪闻》中说"乐天为郡时，尝携容满、张态等十伎夜游西湖武丘寺"。白居易在《忆旧游·寄刘苏州》中多有追忆："六七年前狂烂熳，三千里外思徘徊。李娟张态一春梦，周五殷三归夜台。"清朝人对此大为艳羡："风流太守爱魂消，到处春翘有旧游。想见当时疏禁纲，尚无官吏宿娼条。"（赵翼《题白香山集后诗》）

唐代有权有势的士大夫豪侈放浪，蓄养家妓之多不减前朝。许敬宗"营第舍华僭，至造连楼，使诸妓走马其上，纵酒奏乐自娱"（《新唐书·奸臣传》）。唐人孟棨《本事诗》："白尚书姬人樊素，善歌；伎人小蛮善舞。尝为诗曰：'樱桃樊素口，杨柳小蛮腰'。"家妓也可以随便赠送、夺取。刘禹锡、杜牧都曾得到别人赠送的美妓。刘禹锡在苏州刺史任内，曾到司空李绅家中赴宴，为一位歌妓倾倒，赋诗一首："高髻云鬟新样式，春风一曲杜韦娘。司空见惯浑闲事，断尽苏州刺史肠。"李绅就将这位歌妓送给刘禹锡。但刘禹锡的家妓也曾被人夺去。据《全唐诗话》记载，权贵李逢吉久闻刘禹锡有美貌歌妓，请求一见。刘禹锡不敢推辞，结果被李逢吉据为己有，后来刘禹锡寄诗给李逢吉，委婉表达要求返还此妓之意，但始终不果。有时家妓还会被随意杀掉。《今是堂手录》说："杜太中自行伍为将，与物无情，西人呼为杜大虫，虽妻有过，亦公杖杖之。有爱妾才色俱美，大中笺表，皆此妾所为。一日，大中方寝，妾至，见几间有纸笔颇佳，因书一阕寄《临江仙》，有'彩凤随鸦'之语，大中觉而视之，云：'鸦且打凤。'于是掌其面，至项折而毙。"

由于妓女的思想言行比其他妇女更为开放和自由，更少封建礼教的约束和压抑，加上当时重视诗歌的文化氛围，妓女中不少人精通诗文，而且其作品富于真情实感，颇为一般文人学士所倾倒。其中比较著名的有张窈窕、薛涛、刘采春、鱼玄机等。其中薛涛《罚赴边有怀上韦令公》诗第一首说："闻说边城苦，而今到始知。羞将门下曲，唱与陇头儿。"充满对防守边疆士兵艰苦生活的深切同情。杨慎说这首诗"有讽谕而不露，得诗人之妙"（《升庵诗话》）。王建《寄蜀中薛涛校书》称道："万里桥边女校书，枇杷花里闭门居。扫眉才子知多少，管领春风总不如。"极尽赞美。唐代文言小说中也屡屡出现歌妓人物，如唐传奇作家蒋防的《霍小玉传》、白行简的《李娃传》等。

五代十国时期，政权迭起，战乱不断，但娼妓仍盛，且沿袭唐代旧规。这与传统礼教的崩坏不无关系。宋代娼妓制度，继承唐代而有所变迁。妓女多集中于酒楼、歌馆和瓦舍中。官酒库设妓数十人，以招徕顾

175

客,有的甚至可以在酒楼上性交。北宋时"凡京师酒店门首,皆缚彩楼欢门,唯任店入其门,一直主廊约百余步,南北天井两廊皆小阁子;向晚灯烛荧煌,上下相照,浓妆妓人数百,聚于主廊檐面上,以待酒客呼唤,望之宛若神仙"(孟元老《东京梦华录》卷二)。周密《武林旧事》说:"每库设官妓数十人,各有金银酒器千两,以供饮客之用。""每处各有官私名妓数十辈,皆师妆祛服,巧笑争妍。夏月茉莉盈头,春满绮陌,凭槛招邀,谓之'卖客'。每处俱有妓女伴坐,服侍风流酒客买笑追欢,通宵达旦,不知疲倦。"《武林旧事》卷六《歌馆》有"点花茶"、"过街桥"之类的记载,可见当时聚乐之众,也可知当时歌妓们都有丰厚的收入:"平康诸坊,如上下抱剑营、漆器墙、沙皮巷、清河坊、融和坊、新街、太平坊、巾子巷、狮子巷、后市街、荐桥,皆群花所聚之地。外此诸处茶肆,清乐茶坊、八仙茶坊、珠子茶坊、潘家茶坊、连三茶坊、连二茶坊,及金波桥等两河以至瓦市,各有等差,莫不靓妆迎门,争妍卖笑,朝歌暮弦,摇荡心目。凡初登门,则有提瓶献茗者,虽杯茶亦犒数千,谓之'点花茶'。登楼甫饮一杯,则先与数贯,谓之'支酒'。然后呼唤提卖,随意置宴。赶趁祗应扑卖者亦皆纷至,浮费颇多。或欲更招他妓,则虽对街,亦呼肩舆而至,谓之'过街轿'。前辈如赛观音、孟家蝉、吴怜儿等甚多,皆以色艺冠一时,家甚华侈。近世目击者,惟唐安安最号富盛,凡酒器、沙锣、冰盆、火箱、妆合之类,悉以金银为之。帐幔茵褥,多用绵绮。器玩珍奇，它物称是。下此虽力不逮者，亦竞鲜华，盖自酒器、首饰、被卧、衣服之属，各有赁者。故凡佳客之至，则供具为之一新，非习于游者不察也。"关于瓦舍，吴自牧《梦粱录》卷十九讲到："瓦舍者，谓其'来时瓦合，去时瓦解'之义，易聚易散也。不知起于何时。顷者京师甚为士庶放荡不羁之所，亦为子弟流连破坏之门。杭城绍兴间驻跸于此，殿岩杨和王因军士多西北人，是以城内外创立瓦舍，招集妓乐，以为军卒暇日娱戏之地。今贵家子弟郎君因此游荡，破坏尤甚于汴都也。"当时卖良为娼的现象十分严重，还出现了专门经营买卖娼妓的"娼侩"。除了官妓，私娼也常常出没于大街小巷。妓女们色艺不同，各有等差，像汴都的李师师、崔念月等都是名盖一时的上等妓女，非常豪侈。

宋代官吏冶游之风十分盛行，或偕幕僚挟妓游湖，或邀朋友同登娼楼。太学生也纷纷流连坊曲，召妓侑觞，很是轻薄放浪。吴自牧《梦粱录》卷二十说："官府公筵，及三学斋会，缙绅同年会，乡会，皆官差诸库角妓只直。"不过，宋代明文规定，凡"阃帅、郡守等官，虽得以官妓歌舞佐酒，然不得私侍枕席"（《古今图书集成·娼妓部》引《委巷丛谈》)，张舜民《画墁录》说："嘉祐以前，提刑点狱不得赴妓乐。熙宁以后监司率禁，至属官亦同。"否则，一经发现，便会受到处罚。如"刘涣官并州，与营妓游，黜通判磁州"。宫中虽无宫妓之制，但皇帝却屡屡与妓女发生关系。宋徽宗就曾多次到李师师家冶游，"计前后赐金银、钱

177

帛、器用食物等不下十万"（宋无名氏《李师师外传》）。清人史梦兰在《宋艳》诗中写道："宋史高标道学名，风流天子却多情。安安唐与师师李，尽得承恩入禁城。"词在宋代极盛，而民间词要算妓女词最为有名。相传名妓聂胜琼与李之问结好，分手旬日，便作《鹧鸪天》一首寄予之问，表达思念之情："玉惨花愁出凤城，莲花楼下柳青青。樽前一唱《阳关曲》，别个人人第五程。寻好梦，梦难成，有谁知我此时情？枕前泪共阶前雨。隔着窗儿滴到明。"宋代大词人无不与妓女密切交往，词作也有不少涂上了青楼调笑的色彩，其中最著名的是柳永。柳永长期出入于秦楼楚馆，写了大量反映妓女生活的作品，深得宋元时期歌妓们的喜爱，一时广为传唱。另外，柳永也适应当时歌妓们演唱的需要，接受了她们的影响，大量创作慢词，为词家提供了可以容纳更多内容的新形式。

宋代士大夫也蓄养家妓。宋仁宗时的一位宫人曾说："两府、两制家内各有歌舞，官职稍如意，往往增置不已。"士大夫蓄妓之事史不乏载：《宋朝事实类苑》卷八云，韩琦官至宰相，"家有女乐二十余辈"；《侯靖录》载，熙宁七年（1074）代王安石为相的韩绛，"家妓十余人"；《玉照新志》载，宣和二年（1120）王黼代蔡京执政，蓄养"家妓十数人"；《韵语阳秋》云，欧阳修"有歌妓八九姝"；苏轼"有歌舞妓数人"，常陪宾客饮酒（吕本中《轩渠录》）。为表示豪侠好义，有的士大夫往往以家妓赠送他人。辛弃疾的妻子得了病，被医生治好，医者索酬劳，辛弃疾便送他一个会吹笛的家妓，临别还作了首《好事近》词记其事："医者索酬劳，那得许多钱帛？只有一个整整，也盒盘盛得。下官歌舞凄惶，剩得几枝笛？觑着这般火色，告妈妈将息。"（周辉《清波别志》卷下）家妓往往在士大夫文人的娱乐、社交活动中担当以歌舞佐酒、以曲词娱宾之任。晏几道《小山词自序》所描述的情形："始时，沈十二廉叔，陈十君龙，家有莲、鸿、蘋、云，品请讴娱客，每得一解，即以草授诸儿。吾三人持酒听之，为一笑乐而已。"在士大夫文人中颇具典型。

唐宋时期，我国政治经济文化中心由黄河流域转移到长江流域，娼妓也开始集中于南方的几个都市。除了唐代的长安、宋代的汴梁，声妓之美，宴游之盛当推成都、杭州、苏州、扬州等。

与宋并存的辽、金以及后来的元朝娼妓事业也很发达。元代的娼妓还与散曲、杂剧结下了不解之缘。珠帘秀、顺时秀、解语花等都是当时有名的散曲创作者和杂剧表演家。夏庭芝《青楼集》称珠帘秀"杂剧为当今独步，驾头、花旦、软末泥等，悉造其妙"。而关于顺时秀，冯梦龙《情史》卷六还记载了一个"五花名马价无伦，欲媚香闺枉杀身"的故事："元时，歌妓郭氏顺时秀，姿态闲雅，杂剧为《闺怨》最高，驾头诸旦本亦得体。刘时中以'金簧玉管，凤吟鸾鸣'拟其声韵。平生与王元鼎密。偶有疾，思得马板肠充馔。元鼎杀所乘千金五花马，取肠以供。都下传为佳话。时中书参政阿鲁温尤属意焉，因戏语曰：'我比元鼎何如?'对曰:'参政,宰相也。元鼎,才人也。燮理阴阳,致君泽民,则学士不及参政。嘲风弄月,惜玉怜香,则参政不如学士。'参政付之一笑而罢。"王元鼎是个痴情种子,顺时秀聪慧敏捷,倒也值得王元鼎为之倾倒,而毫不吝惜千金名马。

明朝建立后,官妓仍盛,主要来源除了罪犯妻女,还有被俘的蒙古贵族的女眷。经过靖难之役,永乐皇帝登基,他将忠于建文帝的诸大臣杀掉,将其妻女亲戚掠入教坊为妓。一时间,"凡缙绅籍没,波及妻孥,以至诗礼之家,多沦北里"(章学诚《文史通义·妇学》)。这些沉沦的后裔都被政府贬为贱民,即所谓乐户、惰民、疍户、九姓渔户等,其中许多以娼妓为业。

早在洪武年间,明政府就曾设立酒楼制度。当时在京师金陵(今江苏南京)城内外修筑了轻烟、淡粉等十六楼(一说十四楼,如周晖《金陵琐事》:"《艺林学山》云:永乐中晏振之金陵,春夕诗花月,春江十四楼,人多不知其事。盖洪武中建来宾、重译、清江、石城、鹤鸣、醉仙、乐民、集贤、讴歌、鼓腹、轻烟、淡粉、梅妍、翠柳十四楼于南京,以处官妓。")。谢肇淛《五杂俎》卷三:"太祖于金陵建十六楼,以处官伎:曰来宾,曰重译,曰清江,曰石城,曰鹤鸣,曰醉仙,曰乐民,曰集贤,曰讴歌,曰鼓腹,曰轻烟,曰淡粉,曰梅妍,曰柳翠,曰南市,曰北市。"达官贵人于此举行宴会皆用官妓陪伴佐酒。政府还在全国开征娼妓税称为"脂粉钱",极似近代的"花

捐"："两京教坊，官收其税，谓之脂粉钱。"（谢肇淛《五杂俎》卷八）

明中叶以后，娼妓事业进一步繁盛。"娼妓满布天下，其大都会之地，动以千百计，其它穷州僻邑，往往有之……唐、宋皆以官伎佐酒，国初犹然，至宣德初始有禁，而缙绅家居者不论也。故虽绝迹公庭，而常充牣里闬。又有不隶于官，家居而卖奸者，谓之土妓，俗谓之私窠子，盖不胜数矣。"官妓之外，又有私倡，她们"终日倚门献笑，卖淫为活"（谢肇淛《五杂俎》卷八）。娼妓们主要集中在以南京为中心的经济文化发达地区。张岱的《陶庵梦忆》曾对扬州的歌妓活动有翔实的描绘："广陵二十四桥风月，邗沟尚存其意。渡钞关，横亘半里许，为巷者九条。巷故九，凡周旋折旋于巷之左右前后者，什百之。巷口狭而肠曲，寸寸节节，有精房密户，名妓、歪妓杂处之。名妓匿不见人，非向导莫得入。歪妓多可五六百人，每日傍晚，膏沐熏烧，出巷口，倚徙盘礴于茶馆酒肆之前，谓之'站关'。茶馆酒肆岸上纱灯百盏，诸妓掩映闪灭于其间，疤痕者帘，雄趾者阈。灯前月下，人无正色，所谓'一白能遮百丑'者，粉之力也。游子过客，往来如梭，摩睛相觑，有当意者，逼前牵之去；而是妓忽出身分，肃客先行，自缓步尾之。至巷口，有侦伺者，向巷门呼曰：'某姐有客了！'内应声如雷。火燎即出，一俱去，剩者不过二三十人。沉沉二漏，灯烛将烬，茶馆黑魆无人声。茶博士不好请出，惟作呵欠，而诸妓醵钱向茶博士买烛寸许，以待迟客。或发娇声，唱《擘破玉》等小词，或自相谑浪嘻笑，故作热闹，以乱时候；然笑言哑哑声中，渐带凄楚。夜分不得不去，悄然暗摸如鬼。见老鸨，受饿、受笞俱不可知矣。"

明末出现了许多才情超凡色艺俱佳的名妓，如陈圆圆、董小宛、柳如是、李香君、顾媚等。她们的高风亮节、柔情侠骨始终为后人所称道，如雪樵居士《秦淮闻见录》中碧梧夫人《咏媚香楼七古》歌咏李香君："阉党纤儿想纳交，缠头故遣狡童招。那知西子含颦拒，更比东林结社高。"又引《瓯北集》中《题柳如是小像》："女假男妆访名士，绛云楼下一言契。美人肯嫁六十翁，虽不须眉亦奇气。"其故事也在文学作品中传唱，如吴伟业《圆圆曲》、孔尚任《桃花扇》等，而文学史家也乐于以之为研究对象，如陈寅恪《柳如是别传》等。

满清入关后，顺治皇帝两次下令裁革京师教坊女乐，据《清朝文献通考·康熙会典》记载，"顺治八年，清世祖福临降旨，停止宫中使用教坊女乐，改用四十八名太监代替"。又据《雍正会典》载："顺治十六年，裁改女乐后，京师教坊司并无女子。"康熙皇帝后又重申禁令。顺治九年还规定"禁良为娼，以丧乱后良家女子被掠，展转流落乐籍者……许平价赎归"（《清朝文献通考·康熙会典》）。从此，唐、宋、明历朝相沿的官妓制度废除了。雍正皇帝还下令将世操妓业的惰民、疍户、九姓渔户等贱民复为良民："时山西省有曰乐籍，浙江绍兴府有曰惰民，江南徽州府有曰伴僮，宁国府有曰世仆，苏州之常熟、昭文二县有曰丐户，广东省有曰蜑户者，该地方视为卑贱之流，不得与齐民同列甲户。上甚悯之，俱令削除其籍，与编氓同列甲户。"（《清通志·食货五》）但是，官妓废除后，私营妓院仍遍及全国。可从大量文献记载中窥见一二。徐珂《清稗类钞》说："丁酉、戊戌间，南城妓馆颇卑劣，视韩潭伶馆，弗如远甚。其规则大抵一果席二金，又当十钱四缗。其次则不设宴，不歌曲，尽可留宿，费当十钱二十缗。花费既少，妓之程度亦甚卑下。仆御走卒，得一金即可强邀一宿。辟妓亦愿就之。萧龙友所谓黔卒里胥，窟穴其中。"清珠泉居士《续板桥杂记》也说："前明河房，为文人宴游之所，妓家则鳞次，旧院在钞库街南，与贡院隔河遥对。今自利涉桥至武定桥，两岸河房，丽姝栉比，俗称本地者曰本帮，来自姑苏者曰苏帮，来自维扬者曰扬帮。虽其中妍媸各别，而芬芳罗绮，嘹亮笙歌，皆足使裙屐少年迷魂荡志也。"王韬《瀛壖杂志》也揭露上海妓女日盛一日的状况："沪城青楼之盛，不数扬州。二分明月，十里珠帘。舞树歌台，连瓷接栋。每重城向夕，虹桥左侧曲巷中，灯火辉耀，笙歌腾沸，无不争妍取怜，弄姿逞媚。门外细车骄溢，飞尘散香。裙屐少年，洋舶大贾，辄坠鞭留宴。"特别是南京每逢开科举，便成为文人公子征歌选色之地，石头城下，秦淮河上，几乎户户皆花，家家是玉，十分繁盛。

应该指出，古代的卖淫制度与贞节观念又是一对孪生兄弟，它们都是男性特权压迫的结果。那些养尊处优、尸位素餐的封建士大夫，既想让妻女保守贞节，免受他人染指，以维护自己的声誉，又想与妻妾以外的女人风流一番，寻求性刺激。于是职业性的卖淫活动就应运而生了。对士大夫们来说，它在满足婚外性欲的同时，保住了妻女的清白和家庭的神圣，真是两全其美。娼妓本身没有什么大的过错，她们只是一夫一妻祭坛上所供的人类牺牲。罗素说得好："娼妓的真正罪过在于她把道德家职业的虚伪戳穿了。"封建官僚妻妾成群，又常常嫖娼狎妓，但仍不满足，还产生了宠爱男色的奇特癖好。男色在春秋时已经见于记载，像卫灵公宠弥子瑕，魏王宠龙阳君等（《韩非子·说难》、《战国策·魏策四》）。汉代帝王宠爱男色更是到了无以复加的地步。汉高祖时的籍孺、汉惠帝时的闳孺，"此两人非有材能，但以婉媚贵幸，与上卧起"。文帝宠幸邓通，"赐通蜀严道铜山，得自铸钱"，致使"邓氏钱布天下"。武帝先是宠爱韩嫣，封他为上大夫，"赏赐拟邓通"。韩嫣还"常与上共卧起"。武帝后又宠爱李延年。李延年"与上卧起，其爱幸埒韩嫣"。成帝时张放也"与上卧起"，宠爱殊绝。哀帝宠爱男色更是荒唐至极。董贤得哀帝"宠爱日甚，为驸马都尉侍中，出则参乘，入御左右，旬日间赏赐累巨万，贵震朝廷。常与上卧起。尝昼寝，偏藉上袖，上欲起，贤未觉，不欲动贤，乃断袖而起。其恩爱至此"（《汉书·佞幸传》）。

降及后世，宠爱男色之风不改。宋明时期，一些无赖男子自为娼妓，出入市井之中。他们"皆敷脂粉，盛装饰，善针指，呼谓亦如妇人"，不计羞耻，用鸡奸行业献媚游客，以图衣食（周密《癸辛杂识》后集等）。清代男娼更进一步设立妓院，北京称为"小唱"，苏州称为"小手"，规制完备，领班的称为"包头"。据《轊轩录》记载："北京于满清时代，像姑之风极盛，男操淫业，违背天理，伤风败德，莫此为甚。一般王公大臣，多流连其间。"男色现象是一种腐朽、变态的性心理的反映。

在封建统治阶级中，男子们纵情声色，女子们也不甘寂寞。南朝宋前废帝的姐姐山阴公主淫恣过度，对废帝说："妾与陛下，虽男女有殊，俱托体先帝。陛下六宫万数，而妾唯驸马一人。事不均平，一何至此！"废帝于是为她置面首左右三十人（《宋书·前废帝纪》）。面首，就是男妾、男妓。《资治通鉴·宋纪十二》胡三省注："面，取其貌美；首，取其发美。"

实际上，自古以来，皇族帝室妇女荒泆奸乱的现象一直非常严重。且不说汉代以前的情况，单就汉代而言，汉武帝的姑母馆陶公主寡居，都五十多岁了，还与侍者董偃公开同居。武帝也承认了他们的关系，称董偃为"主人翁"（《汉书·东方朔传》）。武帝的女儿鄂邑长公主，寡居后与丁外人公开私通。昭帝和权臣霍光知道这件事，竟"不绝主欢，诏外人侍长公主"（《汉书·霍光传》）。汉代盛行以妻制夫的尚主制度。东汉名将班超的孙子班始娶了清河孝王刘友的女儿阴城公主。这个公主骄横淫乱，甚至"与婢人居帷中，而召始入，使伏床下"（《后汉书·班超传》）。

当然，公开的多夫，山阴公主却是首创。她有了这么多面首，还嫌不够，见吏部郎褚渊貌美，就让前废帝命褚渊侍奉她。"渊侍主十日，备见逼迫，誓死不回，遂得免"（《宋书·前废帝纪》）。南朝齐废帝郁林王即位，将母亲文安王皇后尊为太后，置男左右三十人，以慰其寡居后的孤寂之感（《南史·后妃传》）。北魏先后临朝的冯太后和胡太后，都曾公开与一些朝臣长期通奸，并以阉官的名义把一些美貌男子放在身边（《魏书·皇后列传》）。北齐武成帝的胡皇后，常同阉人裹狎，并与宠臣和士开通奸。武成帝死后，胡皇后更是无所顾忌，多次到佛寺，同和尚昙献通奸，甚至将昙献招来内殿，日夜寝处。她还让两个男子扮成尼姑在左右侍奉（《北史·后妃传》）。

唐代面首仍充斥于皇族帝室的妇女群中。太宗的女儿合浦公主，嫁房玄龄的儿子房遗爱后，又与和尚辩机私通，另选了两个少女安抚丈夫。她还公开同和尚智勖、惠弘及道士李晃私通（《新唐书·诸帝公主传》）。武则天的面首很多，像宠臣张易之和张昌宗兄弟、和尚薛怀义、御医沈南蓼都是很出名的。薛怀义本名冯小宝，原是出没于洛阳市井的浪荡子，"伟岸淫毒"，已再嫁的安定公主（高祖之女，始封千金公主）先与他私通，再主动推荐给武则天，武则天很喜欢他。为便于往来，便叫他当和尚，封为白马寺主，并将他的姓名改作薛怀义，还下诏书让太平公主的驸马薛绍将他认作本家，待为长辈（《新唐书·后妃传》）。武则天甚至还公开地与大臣们议论男宠。《旧唐书·张行成传》说："天后令选美少年为左右奉宸供奉，右补阙朱敬则谏曰：'……陛下内宠，已有薛怀义、张易之、昌宗，固应足矣。近闻尚舍奉御柳模自言子良宾洁白美须眉，左监门卫长史侯祥云阳道壮伟，过于薛怀义，专欲自进堪奉宸内供奉。无礼无仪，溢于朝听。臣愚职在谏诤，不敢不奏。'则天劳之曰：'非卿直言，朕不知此。'赐彩百段。"这在中国历史上也是比较罕见的。此外，唐中宗的韦皇后、上官昭容及唐代的许多公主也都置有面首多人。唐代以来，皇室贵族妇女公开纳面首的现象已不常见，但宫廷内帷薄不修的丑闻仍不绝于史。

宦官，又称太监，是管理后宫的人。封建帝王妃嫔众多，需要有人照料她们的日常生活。但帝王们又担心别的男人染指禁中，于是那些受过宫刑、不男不女的宦官就担负起料理后宫事务，严格管理门户的责任。宦官产生于周代，当时称为"寺人"、"阉人"。《周礼·天官·寺人》说"寺人掌王之内人及女官之戒令"。《礼记·月令》有"命奄尹，申宫令，审门闾，谨房室"的说法。《诗经》、《左传》和《国语》中也多次提到"寺人"、"阉人"。

汉王朝建立后，沿袭周代旧制，用宦官管理后宫。一向充当贱役，被人瞧不起的宦官开始参与政治。到东汉时，任用宦官已成定制，宦官的数量空前增多，有些人还加官晋爵，挟持皇帝，专揽朝政。汉灵帝甚至称宦官张让为"我公"，称赵忠为"我母"，当面称张让为"阿父"（《后汉书·宦者传》）。宦官擅权的现象，在以后几乎历朝都有。

宦官是一些失去性功能的畸形人，身心严重残疾，是帝王们多妻制的受害者。然而他们在宫中耳濡目染，深为皇帝和嫔妃的荒淫生活所动，很想体味一下。于是他们也玩女人，也要娶妻纳妾。在生理上，他们没有夫妻生活的条件，但对他们来说，通过娶妻纳妾，一方面可以多少体味一点女性的温柔，另一方面又可以向人们炫耀自己的财势。据《后汉书·宦者传》，桓帝时宦官侯览常常掳掠良家妇女，选其中年轻漂亮的为妻妾。还有不少宦官是妻妾成群。东汉大臣刘瑜、周举等都曾上书，指出宦官"广妻娶"，皆"虚以形势，威侮良家，取女闭之，至有白首殁无配偶"，造成"内积怨女，外有旷夫"的局面（《后汉书·刘瑜传》、《周举传》）。唐代宦官高力士，娶妻吕氏，很有姿色，吕氏的父兄也得以封官晋级。吕氏死，"葬礼甚盛"（《旧唐书·宦官传》）。

一些有官职、有爵位、有财产的宦官还收养儿子。曹操的父亲曹嵩，本姓夏侯，被宦官曹腾收养后，才改姓曹。所以，文士陈琳在为袁绍起草的讨伐曹操的檄文中，曾大骂曹操是"赘阉遗丑"（《全后汉文》卷九十二）。高力士本姓冯，后为宦官高延福养子，改姓高。清末最后一个宦官头子小德张（张兰德）离开宫廷后，娶了四个漂亮的姑娘做妻子，还收了两个养子。不过，也有些小太监，辛苦一生，身无分文。年老时被赶出皇宫，只好栖宿寺庙，了却残生。

十三　太平天国婚姻与辛亥女性

旧的婚姻和家庭制度虽然早已腐朽，但由于受到封建专制政权与宗法制度的青睐和保护，却一直相对稳定地延续下来。到清朝后期太平天国运动兴起，才对它进行了一次较为有力的冲击。

太平天国的领袖洪秀全，在领导反封建的农民革命斗争中，曾把男女平等作为自己的一项政治纲领。他将原始基督教义和中国农民朴素的平等、平均观念结合起来，远在金田起义前数年，就先后写了《原道救世歌》、《原道醒世训》和《原道觉世训》等理论文章。在《原道醒世训》中，他大书特书："天下多男人，尽是兄弟之辈，天下多女子，尽是姊妹之群，何得存此疆彼界之私，何可起尔吞我并之念。"这种反传统礼教的号召，具有鲜明的革命性。

拜上帝会建立以后，广西农村有许多妇女前去入会。1851年1月11日（清道光三十年十二月初十日），金田起义爆发，拜上帝会的妇女们组成女军，与男子并肩作战。在1852年4月的永安突围和以后进攻桂林、武昌的战斗中，男女将士齐上阵，女军发挥了重要作用。张德坚《贼情汇纂》说她们"生长洞穴，赤足裹头，攀援岩谷，勇健过于男子，临阵皆持械接仗，官军或受其衄"。1853年3月，太平天国定都天京，女军承担守卫京城的部分任务。11月援救扬州被围太平军，也有女军作战。后来守卫镇江的，大半都是女军战士。

女军有自己独立的组织形式，即女营、女馆，或称姊妹营、姊妹馆。女营分前、后、左、右、中各八军，共四十军，计军帅四十员，卒长一千员，两司马四千员，女兵十万人（后来还超过此数）。

太平天国严禁奸淫妇女，反对不正当的男女关系。拜上帝会十款天条中，首以犯淫为戒，规定"男有男行，女有女行，不得混杂"，强调"凡男人女人奸淫者，名为变怪，最大犯天条"。洪秀全撰有《十救诗》，教诲儿子幼天王洪天贵福，其中《妈别崽》、《姊别弟》、《哥别妹》、《嫂别叔》、《哥别婶》、《爹别媳》、《孙别婆》、《男别女》八首，讲的都是分别男女的道理。幼天王自述，九岁以后，父亲就不再允许他与母亲、姊妹见面，他只好乘父亲坐朝的时候，去看望母亲和姊妹。可见太平军分别男女之严。

太平天国确立了男女分营的制度，将男女群众分别组织和隔离起来，只有进行宗教活动时才不分男女。他们严禁"男女混杂"，即使子女探望父母，丈夫去会妻子，也只准门前问答，"不得径进姊妹营中"。太平军占领武昌，定都天京后，又开始对全体居民实行"男女分馆"，把所有妇女集中到女馆之中。《金陵杂记》有这样一段记载："女馆住处甚多，城北由莲花桥洪武街一带，以至花牌楼门楼桥等处，城南在南门大街以至内桥，城东在石桥新廊、武定桥、石坝街、军师巷、东牌楼、状元境、奇望街、承恩寺、王府园口，城西三山街坊口以至陡门桥、糯米巷、安品街东并前后街一带，直至朝天宫后，易家桥左右街巷，又自珠宝廊至虹桥、卢妃巷、土街口一带，共约有妇女十余万口。"馆有几类，凡具有专门技术的，编入专业馆，如会缝纫、刺绣的编入绣锦营。太平军认真执行这一规定，戒淫甚严，男子若入女馆，不论军民，立斩无赦，就连那些长期追随天王的老兵，也无违犯。这一规定，几乎取消了正常的家庭生活，虽夫妻同宿，也视为犯奸，治以重刑。战功卓著的镇国侯卢贤拔，就曾因与妻子同宿被革除爵位。"萧朝贵之父，在长沙途中，密招朝贵母同卧。……而朝贵竟斩其父母以警众，且扬扬语人曰：父母违犯天条，不足为父母也。"可以不执行这个规定的，只有洪秀全、杨秀清、韦昌辉、石达开、秦日纲五人。

男女分营的制度，在行军作战之时，对于保持军队的战斗力，是有一定意义的。进入天京以后，在社会秩序尚未安定之前，也还有利于保障妇女的安全，维护军队的纪律。但如果要求人们遵守到推翻清王朝为止，就显得不近人情了，自然会引起广大军民的疑惧和反对。大约在1855年1月，太平天国领导人顺应民意，废除了隔离男女的制度，准许男女婚配，并设"媒官"主管其事。

太平天国政权多次下令禁止妇女缠足，禁止买卖奴婢，禁止娼妓卖淫，提倡"一夫一妇，理所宜然"，禁止蓄妾。还有一条法律规定，单身妇女不准有其他生活方式，必须入女馆，目的是为了禁绝娼妓。

太平天国还确立了男女平等的土地制度。1853年冬颁布的《天朝田亩制度》规定："凡分田，照人口，不论男妇，算其家人口多寡，人多则分多，人寡则分寡，杂以九等。"

太平天国提倡妇女参加政权建设，并设立了女官制度。除了女军中有将领外，太平天国又开女科。相传经过考试，傅善祥得为女状元，随后担任了东王府女簿书。一个名叫汪淑芹的女子，也曾在东王府任女簿书。

太平天国绝对禁止买卖婚姻。《天朝田亩制度》规定，"所有婚娶弥月喜事，俱用国库"，"如一家有婚娶弥月事，给钱一千，谷一百斤"，"凡天下婚姻不论财"。当然，这些规定在战争条件下，只是一纸具文，并未真正执行。

当时对待男女结婚是非常严肃的。男女婚配，必须由本单位负责人禀明"婚娶官"，领取"龙凤合挥"，才算允准。1954年1月，浙江绍兴曾发现两张太平天国时期的结婚证书，即"合挥"。它一式两份，"合挥"两字在中央，上面盖有龙凤图记，登记着男女双方的姓名、年龄和籍贯，男子还登记有职位，女子姓名上有"配妻"二字。有一张"合挥"上还注明男子参加革命的时间和地点。拿"合挥"同买卖婚中的婚书相比，可知太平天国实行的基本是一种反封建的，建立在男女自由结合基础上的婚姻制度。

由于时代和阶级的局限，太平天国对婚姻家庭的变革，并不彻底。他们在禁止纳妾的同时，又允许少数领导人纳妾，实行封建的嫔妃制，使得个人生活越来越腐化荒淫。攻克武昌后，专门"选十余龄有殊色者六十人"（陈徽言《武昌记事》）。建都天京后，曾"于百花丛内择美丽处女一籍，以供伪嫔妃之选"（张德坚《贼情汇纂》）。他们还肯定某些男尊女卑的观念，或多或少地继承了封建伦理思想，宣扬传统说教。其《幼学诗》之妻道云"妻道在三从，无违尔夫主。牝鸡若司晨，自求家道苦"，"女道"又说"女道总宜贞，男人近不应。幽闲端位内，从此兆祥祯"。然而，瑕不掩瑜，太平天国的婚姻制度和妇女政策，作为历史进程中的一种试验，确实是大胆勇敢，前所未有的。同时，它也收到了一定的效果，得到不少人的颂扬，成为近代中国婚姻家庭改革的先声。如其中说："夫道本于刚，爱妻要有方。河东狮子吼，切莫胆惊慌。"显然还是比较尊重女方的。

太平天国政权只存在了十几年就失败了，它的社会政治制度都被当做大逆不道的罪恶全部废除。然而，时代在发展，中国的大门既已打开，西方的思想既已涌入，清王朝要想恢复老样子，让人们规规矩矩、原原本本地接受旧的婚姻家庭制度和道德伦理规范，也是不可能的。

19 世纪末，康有为、梁启超等把西方资产阶级

"天赋人权"思想和进化论学说引入中国，利用它来改造社会。他们将妇女的婚姻问题同整个社会问题联系起来考察，形成维新变法的一个重要内容。他们倡导男女平等，把不缠足和兴女学当做妇女解放的突破口。康有为早年就在家乡广东南海成立不裹足会，后又同弟弟康广仁一起，在广州成立"粤中不缠足会"。康有为的女儿同薇、同璧带头不缠足以示范，使"粤风大移"。1897 年 6 月，梁启超、谭嗣同等登报发起不缠足会，刊布章程，上海设总会，各省设分会，各州县市设小分会。"入会者甚众"，影响所及，福州、天津、澳门等地也建立了戒缠足组织。后来在上海又出现了中国天足总会及其机关报《天足会报》。孙中山任大总统之后，曾下达《令内务部通饬各省劝禁缠足文》："缠足之俗，由来殆不可考。起于一二好尚之偏，终致滔滔莫易之烈。恶习流传，历千百岁。害家凶国，莫此为甚。将欲图国力之坚强，必先图国民体力之发达。至缠足一事，残毁肢体，阻淤血脉，害虽加于一人，病实施于万姓，生理所证，岂得云诬？至因缠足之故，动作竭蹶，深居简出，教育莫施，世事罔闻，遑能独立谋生，共服事务？以上二者，特其大端，若他弊害，更仆难数。曩者志士仁人，尝有天足会之设，开通者已见解除，固陋者犹执成见。当此除旧布新之际，此等恶俗，尤宜先事革除，以培国本。为此令仰该部，速行通饬各省，一体劝禁。其有故违禁令者，予其家属以相当之罚。切切此令。"戕害中国妇女千年之久的缠足陋习终于逐步得到禁止，但完全消亡是在新中国成立之后。梁启超多次论述兴办女学的重要性，提出以办女学来恢复妇女"自有之权"。由于维新派的影响和支持，1898年6月1日，中国女学会书塾在上海正式开学，从而成为第一所由中国人自己办的女子学校。

维新派人士主张婚姻自由，认为婚姻是当事人自己的终身大事，理应由自己做主，绝不能一任父母之命、媒妁之言。但康有为又提出，自由择偶，仅限于二十岁以上的男女，二十岁以下的"仍由父母约束"。他还主张，婚姻要有期限，最长不超过一年，最短不少于一个月，婚前都要在"媒氏之官"面前订立契约，欢好者允许到期续约。他认为有了契约，又限定了期限，"则奸乱永绝"。维新派坚决反对一夫多妻制，反对纳妾，并身体力行。他们还提出，妇女应在经济上独立，寻求生存之路。如果什么都依赖丈夫，妇女就不能有独立的人格。他们把男女自行择偶与妇女公开社交，看做是"天理之所宜"和"将来必行之俗"。

康有为在《大同书》中，首次提出"去家界"的主张。他指出，自从出现家庭以后，人们一切要围绕它来考虑问题，一切都"私于家"，所以应当"去家"，"去家界"。他认为，无家—有家—无家，是历史发展的趋势。康有为设想将家庭生活社会化。妇女一怀孕就入"人本院"，有人专门照管，进行胎教。婴儿出生后，产妇出院，婴儿入"育婴院"，此后依次入"怀幼院"、"蒙学院"，一直到进"小学院"、"中学院"和"大学院"，全都由公家负责，无须父母过问。人到六十岁，则进"养老院"，在里面终其天年，死后送"化人院"（火葬场）火葬。康有为的这种大胆设想不无合理和科学的成分，在那么落后保守，腐朽愚昧的封建时代，称得上是杰出的创见。然而，改良主义的局限性和软弱性，使维新派不可能深入解释婚姻不自由和妇女受压迫的真正社会根源，因而也就找不到解决问题的有效方式。

维新变法运动失败后，一批进步的资产阶级思想家仍然致力于争取妇女解放和婚姻自由的事业，广大妇女也积极投身到辛亥革命的巨大洪流之中。

进入 20 世纪，由中国人自办的女子学校不断涌现，成为推动妇女解放运动的重要力量。上海的女子教育发展最快。继女学会书塾之后，又出现了务本女塾、爱国女校、宗孟女校等一批卓有成效的女子学校。著名的爱国女校，是由以蔡元培为首的中国教育会主办的。一些年轻的知识妇女为了寻求解放的道路，冲破家庭的束缚，东渡日本求学。到 1905 年，在日本东京的女留学生达一百人左右，其中著名的有秋瑾、陈撷芬、林宗素、何香凝、胡彬夏、张汉英、吴弱男等。1903 年，胡彬夏在东京发起成立"共爱会"。这是我国历史上第一个争取男女平等的爱国妇女组织。在它的影响下，国内妇女也纷纷组织爱国团体，出现了妇女解放运动的新局面。

当时女子书刊也蓬勃兴起。1903 年，金天翮的《女界钟》在上海出版，署名"爱自由者金一"。《女界钟》第一次明确提出了"女权"的观念，系统阐述了男女平等的思想，号召妇女走向社会，参与政治，投身革命。它批判封建婚姻制度，提倡男女婚姻自由。书中对中国旧式婚姻有一段生动的描述：男的一人呆立，女的红巾盖首，无颜见人；不病而扶，当笑而哭，闭目入定。让一对未曾谋面的男女结成终身伴侣，是何等的不合理！《女界钟》主张婚前自由恋爱，结婚两相情愿，不允许有第三者插足之地。在东京和上海，还出现了《女报》、《女子世界》、《白话报》、《中国女报》、《中国新女界》等一批女子报纸和杂志。中国历史上第一份女性期刊《女学报》，于 1898 年 6 月创办于上海，由梁启超的夫人李惠仙、康有为的女儿康同薇、中国最早的女报人裘毓芳等人编撰。她们是中国历史上第一批女编辑、女记者。该刊宣传女性应当摆脱传统夫权统治，追求平等和独立。后来，《苏报》发行人陈范年仅 16 岁的女儿陈撷芬在父亲的支持下，于 1899 年在上海创办《女报》，1903 年改名《女学报》。该刊对妇女所处的非人地位进行了血泪控诉，称"穿耳"、"缠足"是妇女受到的"初级刑法"，"惟媒妁之言，卜算签语"是"次级刑法"，"夫婿失天，女子须奔丧守节"是妇女遭受的"高级刑法"。这些言论在传统观念颇为浓厚的中国可谓惊世骇俗。这些女性书刊揭露传统的伦理道德和封建的婚姻家庭对妇女的残酷迫害，提倡婚姻自由、家庭革命和个性解放，谴责宗教化的贞节观念及盛行一时的娼妓制度。它们疾呼，"宁断爱情，不受压制，能去压制，始长爱情"，并一致把婚姻自由看作当时中国最大的社会问题之一。声势很大的宣传鼓动工作，激励着深闺幽阁中的广大妇女走出家门，奔向社会，参加到斗争实践之中。

这一时期倡导妇女解放和婚姻自由，影响最大并亲自付诸实践的，当推女革命家秋瑾。秋瑾在从事革命活动的过程中，提出了一系列关于妇女和婚姻问题的理论。她反对旧式婚姻，反对纳妾置妓，认为婚姻应以爱情为基础，而爱情只有在双方互相了解的条件下才能产生。她主张男女平等，反对女子缠足，提倡女学，鼓励妇女学习技艺，争取经济自主，从而走向社会，参与国事。

为争得婚姻自由和妇女解放，以孙中山为代表的资产阶级革命派做了许多工作，并成为妇女解放运动的领导力量。他们主办的《民报》、《浙江潮》等，经常宣传进步的婚姻妇女观，号召中国妇女参加社会革命。邹容《革命军》提出，"凡为国人，男女一律平等，无上下贵贱之分"。陈天华在小说《狮子吼》中塑造了几位争取解放的女性人物，一时影响很大。孙中山更是相当自觉地把资产阶级革命与妇女解放结合起来，鼓励、支持和吸收妇女参加革命活动。在同盟会内部，始终采取人人都有选举权和被选举权的民主制度，明确宣布男女平等，把妇女解放作为一项原则在党内首先实行。孙中山在《中国同盟会革命方略》中提出："凡风俗之害，如奴婢之畜养，缠足之残忍，鸦片之流毒，风水之阻害，亦一切禁止。""我汉人同为轩辕之子孙，国人相视，皆伯叔兄弟诸姑姊妹，一切平等，无有贵贱之差、贫富之别。"孙中山一贯尊重妇女，维护妇女的权利，把政治上的男女平权作为民权主义的一个内容。

随着武昌起义的爆发，武汉、上海等地出现了众多支女子军队。她们英勇善战，屡败清军，成为令人瞩目的武装力量。南京临时政府成立前后，不少进步妇女又掀起参政运动，同旧官僚政客展开尖锐斗争。1912年4月，唐群英等人在南京组织了"中华民国女子参政同盟会"，主张实现男女政治平等，推行真正的一夫一妻制和自主婚姻，造成了很大声势。

袁世凯建立独裁统治以后，中国妇女解放运动转入低潮，旧的婚姻家庭制度一度复活。然而，辛亥女性的非凡举动和不屈精神，却始终鼓舞着人们去参加妇女解放运动，变革婚姻家庭制度，推动社会历史的发展。

后 记

本人研究中国婚姻史，始于20世纪80年代。那时，我正在攻读文学硕士学位，研究的是汉代大儒刘向、刘歆父子，撰写的是有关刘向《列女传》的学位论文。因为这一机缘，加上当时文化热盛行，妇女史、婚姻史等皆为人们所重视，我也撰写了《中国古代婚姻》的小册子。现在呈现给各位读者的本书，其基本篇目就大体承于此作。

《庄子·知北游》有言："人生天地之间，若白驹之过郤，忽然而已。"转瞬之间，我已经过了"知天命"之年，学术旨趣和研究领域也都有了很多变化。承蒙社会科学文献出版社不弃，我需要在旧作的基础上推出新作。自感时间、精力明显不足，遂请学生项永琴副教授一起来做这件事情。永琴认真披览最近二十多年学术界的相关成果，深入探索，精心增补，多费辛劳，最终在较短的时间内完成了任务。

我们深知，书中肯定存在许多疏漏和错误之处，还请各位读者朋友批评、指正，谢谢！

张　涛

壬辰龙年正月

参考书目

1. 饱宗豪：《婚俗文化：中国婚俗的轨迹》，上海人民出版社，1990。

2. 陈顾远：《中国婚姻史》，商务印书馆，1937。

3. 陈鹏：《中国婚姻史稿》，中华书局，1990。

4. 崔明德：《先秦政治婚姻史》，山东大学出版社，2004。

5. 曹兆兰：《金文与殷周女性文化》，北京大学出版社，2004。

6. 〔日〕大澤正昭：《唐宋時代的家族·婚姻·女性》，〔日〕明石书店，2005。

7. 定宜庄：《满族的妇女生活和婚姻制度研究》，北京大学出版社，1999。

8. 董家遵：《中国古代婚姻史研究》，广东人民出版社，1995。

9. 郭松义：《伦理与生活——清代的婚姻生活》，商务印书馆，2000。

10.〔芬兰〕韦斯特马克：《人类婚姻史》，商务印书馆，2002。

11. 李衡眉：《中国古代婚姻史论集》，吉林文史出版社，1996。

12. 彭卫：《汉代婚姻形态》，中国人民大学出版社，2010。

13. 马之骕：《中国的婚俗》，岳麓书社，1988。

14. 汪玢玲：《中国婚姻史》，上海人民出版社，2001。

15. 杨树达：《汉代婚丧礼俗考》，上海古籍出版社，2009。

16. 谢维扬：《周代家庭形态》，黑龙江人民出版社，2005。

17. 张涛：《列女传译注》，山东大学出版社，1990。

18. 张邦炜：《宋代婚姻家族史论》，人民出版社，2003。

《中国史话》总目录

系列名	序号	书 名	作 者	
物质文明系列（10种）	1	农业科技史话	李根蟠	
	2	水利史话	郭松义	
	3	蚕桑丝绸史话	刘克祥	
	4	棉麻纺织史话	刘克祥	
	5	火器史话	王育成	
	6	造纸史话	张大伟	曹江红
	7	印刷史话	罗仲辉	
	8	矿冶史话	唐际根	
	9	医学史话	朱建平	黄 健
	10	计量史话	关增建	
物化历史系列（28种）	11	长江史话	卫家雄	华林甫
	12	黄河史话	辛德勇	
	13	运河史话	付崇兰	
	14	长城史话	叶小燕	
	15	城市史话	付崇兰	
	16	七大古都史话	李遇春	陈良伟
	17	民居建筑史话	白云翔	
	18	宫殿建筑史话	杨鸿勋	
	19	故宫史话	姜舜源	
	20	园林史话	杨鸿勋	
	21	圆明园史话	吴伯娅	
	22	石窟寺史话	常 青	
	23	古塔史话	刘祚臣	
	24	寺观史话	陈可畏	
	25	陵寝史话	刘庆柱	李毓芳
	26	敦煌史话	杨宝玉	
	27	孔庙史话	曲英杰	
	28	甲骨文史话	张利军	
	29	金文史话	杜 勇	周宝宏

系列名	序号	书 名	作 者	
物化历史系列（28种）	30	石器史话	李宗山	
	31	石刻史话	赵　超	
	32	古玉史话	卢兆荫	
	33	青铜器史话	曹淑琴	殷玮璋
	34	简牍史话	王子今	赵宠亮
	35	陶瓷史话	谢端琚	马文宽
	36	玻璃器史话	安家瑶	
	37	家具史话	李宗山	
	38	文房四宝史话	李雪梅	安久亮
制度、名物与史事沿革系列（20种）	39	中国早期国家史话	王　和	
	40	中华民族史话	陈琳国	陈　群
	41	官制史话	谢保成	
	42	宰相史话	刘晖春	
	43	监察史话	王　正	
	44	科举史话	李尚英	
	45	状元史话	宋元强	
	46	学校史话	樊克政	
	47	书院史话	樊克政	
	48	赋役制度史话	徐东升	
	49	军制史话	刘昭祥	王晓卫
	50	兵器史话	杨　毅	杨　泓
	51	名战史话	黄朴民	
	52	屯田史话	张印栋	
	53	商业史话	吴　慧	
	54	货币史话	刘精诚	李祖德
	55	宫廷政治史话	任士英	
	56	变法史话	王子今	
	57	和亲史话	宋　超	
	58	海疆开发史话	安　京	

系列名	序号	书名	作者		
交通与交流系列（13种）	59	丝绸之路史话	孟凡人		
	60	海上丝路史话	杜 瑜		
	61	漕运史话	江太新	苏金玉	
	62	驿道史话	王子今		
	63	旅行史话	黄石林		
	64	航海史话	王 杰	李宝民	王 莉
	65	交通工具史话	郑若葵		
	66	中西交流史话	张国刚		
	67	满汉文化交流史话	定宜庄		
	68	汉藏文化交流史话	刘 忠		
	69	蒙藏文化交流史话	丁守璞	杨恩洪	
	70	中日文化交流史话	冯佐哲		
	71	中国阿拉伯文化交流史话	宋 岘		
思想学术系列（21种）	72	文明起源史话	杜金鹏	焦天龙	
	73	汉字史话	郭小武		
	74	天文学史话	冯 时		
	75	地理学史话	杜 瑜		
	76	儒家史话	孙开泰		
	77	法家史话	孙开泰		
	78	兵家史话	王晓卫		
	79	玄学史话	张齐明		
	80	道教史话	王 卡		
	81	佛教史话	魏道儒		
	82	中国基督教史话	王美秀		
	83	民间信仰史话	侯 杰	王小蕾	
	84	训诂学史话	周信炎		
	85	帛书史话	陈松长		
	86	四书五经史话	黄鸿春		

系列名	序号	书 名	作 者	
思想学术系列（21种）	87	史学史话	谢保成	
	88	哲学史话	谷 方	
	89	方志史话	卫家雄	
	90	考古学史话	朱乃诚	
	91	物理学史话	王 冰	
	92	地图史话	朱玲玲	
文学艺术系列（8种）	93	书法史话	朱守道	
	94	绘画史话	李福顺	
	95	诗歌史话	陶文鹏	
	96	散文史话	郑永晓	
	97	音韵史话	张惠英	
	98	戏曲史话	王卫民	
	99	小说史话	周中明	吴家荣
	100	杂技史话	崔乐泉	
社会风俗系列（13种）	101	宗族史话	冯尔康	阎爱民
	102	家庭史话	张国刚	
	103	婚姻史话	张 涛	项永琴
	104	礼俗史话	王贵民	
	105	节俗史话	韩养民	郭兴文
	106	饮食史话	王仁湘	
	107	饮茶史话	王仁湘	杨焕新
	108	饮酒史话	袁立泽	
	109	服饰史话	赵连赏	
	110	体育史话	崔乐泉	
	111	养生史话	罗时铭	
	112	收藏史话	李雪梅	
	113	丧葬史话	张捷夫	

系列名	序号	书名	作者	
近代政治史系列（28种）	114	鸦片战争史话	朱谐汉	
	115	太平天国史话	张远鹏	
	116	洋务运动史话	丁贤俊	
	117	甲午战争史话	寇伟	
	118	戊戌维新运动史话	刘悦斌	
	119	义和团史话	卞修跃	
	120	辛亥革命史话	张海鹏	邓红洲
	121	五四运动史话	常丕军	
	122	北洋政府史话	潘荣	魏又行
	123	国民政府史话	郑则民	
	124	十年内战史话	贾维	
	125	中华苏维埃史话	杨丽琼	刘强
	126	西安事变史话	李义彬	
	127	抗日战争史话	荣维木	
	128	陕甘宁边区政府史话	刘东社	刘全娥
	129	解放战争史话	朱宗震	汪朝光
	130	革命根据地史话	马洪武	王明生
	131	中国人民解放军史话	荣维木	
	132	宪政史话	徐辉琪	付建成
	133	工人运动史话	唐玉良	高爱娣
	134	农民运动史话	方之光	龚云
	135	青年运动史话	郭贵儒	
	136	妇女运动史话	刘红	刘光永
	137	土地改革史话	董志凯	陈廷煊
	138	买办史话	潘君祥	顾柏荣
	139	四大家族史话	江绍贞	
	140	汪伪政权史话	闻少华	
	141	伪满洲国史话	齐福霖	

系列名	序号	书　名	作　者
近代经济生活系列（17种）	142	人口史话	姜　涛
	143	禁烟史话	王宏斌
	144	海关史话	陈霞飞　蔡渭洲
	145	铁路史话	龚　云
	146	矿业史话	纪　辛
	147	航运史话	张后铨
	148	邮政史话	修晓波
	149	金融史话	陈争平
	150	通货膨胀史话	郑起东
	151	外债史话	陈争平
	152	商会史话	虞和平
	153	农业改进史话	章　楷
	154	民族工业发展史话	徐建生
	155	灾荒史话	刘仰东　夏明方
	156	流民史话	池子华
	157	秘密社会史话	刘才赋
	158	旗人史话	刘小萌
近代中外关系系列（13种）	159	西洋器物传入中国史话	隋元芬
	160	中外不平等条约史话	李育民
	161	开埠史话	杜　语
	162	教案史话	夏春涛
	163	中英关系史话	孙　庆
	164	中法关系史话	葛夫平
	165	中德关系史话	杜继东
	166	中日关系史话	王建朗
	167	中美关系史话	陶文钊
	168	中俄关系史话	薛衔天
	169	中苏关系史话	黄纪莲
	170	华侨史话	陈　民　任贵祥
	171	华工史话	董丛林

系列名	序号	书　名	作　者
近代精神文化系列（18种）	172	政治思想史话	朱志敏
	173	伦理道德史话	马　勇
	174	启蒙思潮史话	彭平一
	175	三民主义史话	贺　渊
	176	社会主义思潮史话	张　武　张艳国　喻承久
	177	无政府主义思潮史话	汤庭芬
	178	教育史话	朱从兵
	179	大学史话	金以林
	180	留学史话	刘志强　张学继
	181	法制史话	李　力
	182	报刊史话	李仲明
	183	出版史话	刘俐娜
	184	科学技术史话	姜　超
	185	翻译史话	王晓丹
	186	美术史话	龚产兴
	187	音乐史话	梁茂春
	188	电影史话	孙立峰
	189	话剧史话	梁淑安
近代区域文化系列（11种）	190	北京史话	果鸿孝
	191	上海史话	马学强　宋钻友
	192	天津史话	罗澍伟
	193	广州史话	张　苹　张　磊
	194	武汉史话	皮明庥　郑自来
	195	重庆史话	隗瀛涛　沈松平
	196	新疆史话	王建民
	197	西藏史话	徐志民
	198	香港史话	刘蜀永
	199	澳门史话	邓开颂　陆晓敏　杨仁飞
	200	台湾史话	程朝云

《中国史话》主要编辑
出版发行人

总　策　划	谢寿光　王　正
执行策划	杨　群　徐思彦　宋月华
	梁艳玲　刘晖春　张国春
统　　筹	黄　丹　宋淑洁
设计总监	孙元明
市场推广	蔡继辉　刘德顺　李丽丽
责任印制	岳　阳